**완전무료** 포토피아와 함께
# 캐릭터 디자인으로 시작하는 똑똑한 컴퓨터 놀이

**발 행 일** | 2025년 01월 13일(1판 1쇄)
**I S B N** | 978-89-5960-501-9(13000)
**정 가** | 14,000원
**집 필** | 김경희     **진 행** | 이영수
**본문디자인** | 디자인꿈틀
**발 행 처** | ㈜렉스미디어    **발 행 인** | 안광준
**주 소** | 경기도 파주시 정문로 588번길 24
**대표전화** | (02)849-4423   **팩 스** | (02)849-4421
**홈페이지** | www.rexmedia.net

※ 이 책은 저작권법에 따라 보호를 받는 저작물이므로 무단 전재와 무단 복제를 금지하며, 이 책 내용의 전부 또는 일부를 이용하려면 반드시 ㈜렉스미디어의 서면동의를 받아야 합니다.

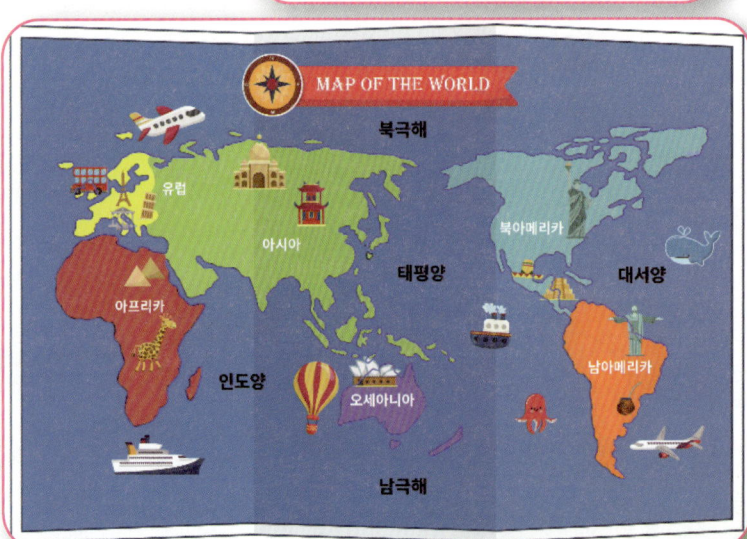

# 목차

## 포토피아
# PHOTOPEA

| 01장 | 포토피아 품속으로 들어가 볼까요? ········ 8 |
| 02장 | 나의 장래 희망은 무엇일까요? ·········· 14 |
| 03장 | 보고 싶은 친구 사진 다시 볼께요! ········ 20 |
| 04장 | 내가 좋아하는 동물 복장 ············ 26 |
| 05장 | 외출복 골라 입기 ················ 32 |
| 06장 | 미션문제 풀어보세요! ·············· 38 |
| 07장 | 난 기타리스트가 될거야! ············ 40 |
| 08장 | 나는 초밥왕! ··················· 46 |
| 09장 | 우리집 댕댕이 색칠하기 ············ 52 |
| 10장 | 산타할아버지 옷 입히기 ············ 62 |
| 11장 | 루돌프 사슴과 선물 썰매 연결하기 ········ 68 |

포토피아

| 12장 | 미션문제 풀어보세요! | 74 |
| 13장 | 깜빡이는 크리스마스 트리 장식하기 | 76 |
| 14장 | 몬스터 생일초대장 만들기 | 84 |
| 15장 | 동물의 왕 사자 가족사진 만들기 | 92 |
| 16장 | 우리 아빠 수염색 바꾸기 | 98 |
| 17장 | 세계지도 완성하기 | 104 |
| 18장 | 미션문제 풀어보세요! | 110 |
| 19장 | 엄마 표정 변화 연구 보고서 작성하기 | 112 |
| 20장 | 곰돌이 경찰복 입어보기 | 118 |
| 21장 | 친구의 생일 케이크 장식하기 | 124 |
| 22장 | 난 우주비행사가 될거야! | 130 |
| 23장 | 아빠 가면 만들기 | 136 |
| 24장 | 미션문제 풀어보세요! | 142 |

# Chapter 01

## 포토피아 품속으로 들어가 볼까요?

📁 불러올 파일 : 풍선매단강아지.psd  📁 완성된 파일 : 새 프로젝트_완성.psd

**학습내용**
- ◆ 크롬 브라우저에 접속한 후 포토피아를 검색해 보아요.
- ◆ 포토피아 화면 구성을 알아보아요.
- ◆ 새로운 이미지를 불러오고 저장하는 방법을 알아보아요.

Before

After

# 1 크롬 브라우저에 확장 프로그램 설치하기

1. 포토피아 실행시 노출되는 유해성 광고를 없애기 위해 크롬 브라우저( Chrome )를 더블클릭하여 실행시키고 검색창에 '크롬 웹스토어'를 입력한 후 Enter 를 눌러 검색한 다음 '크롬 웹스토어'에 접속합니다.

2. 크롬 웹스토어 화면이 나타나면 'photopea'를 검색한 후 [Remove Ads from Photopea]를 선택한 다음 Chrome에 추가를 클릭하여 확장 프로그램을 추가합니다.

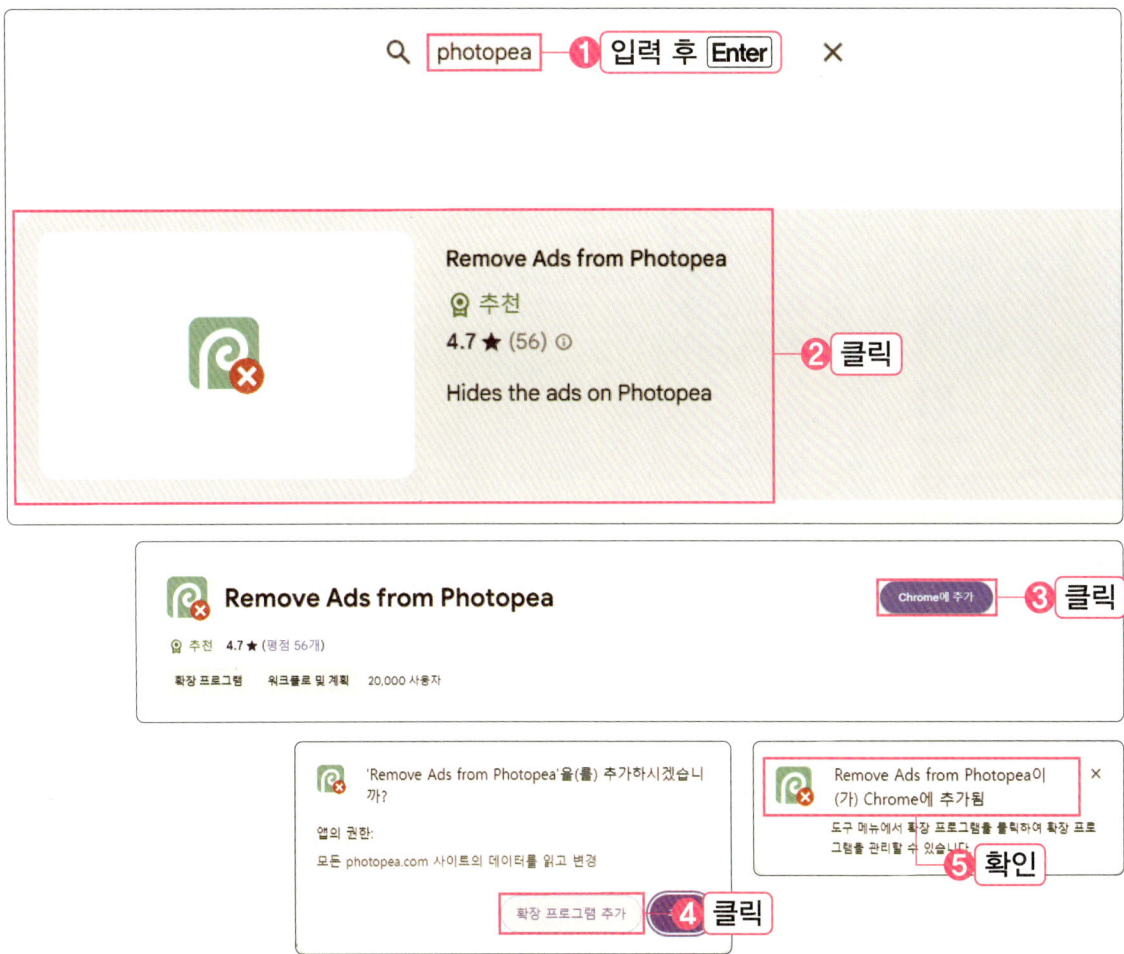

## ② 두근 두근 포토피아 시작하기

① 크롬 브라우저( Chrome )를 실행시키고 검색창에 "포토피아"를 입력한 후 Enter 를 눌러 검색 목록이 표시되면 [Photopea | Online Photo Editor] 웹사이트에 접속합니다.

② 포토피아 시작 화면이 나타나면 [더 보기] 탭에서 '언어'는 [한국어]로 '테마'는 [Light Grey]로 선택합니다.

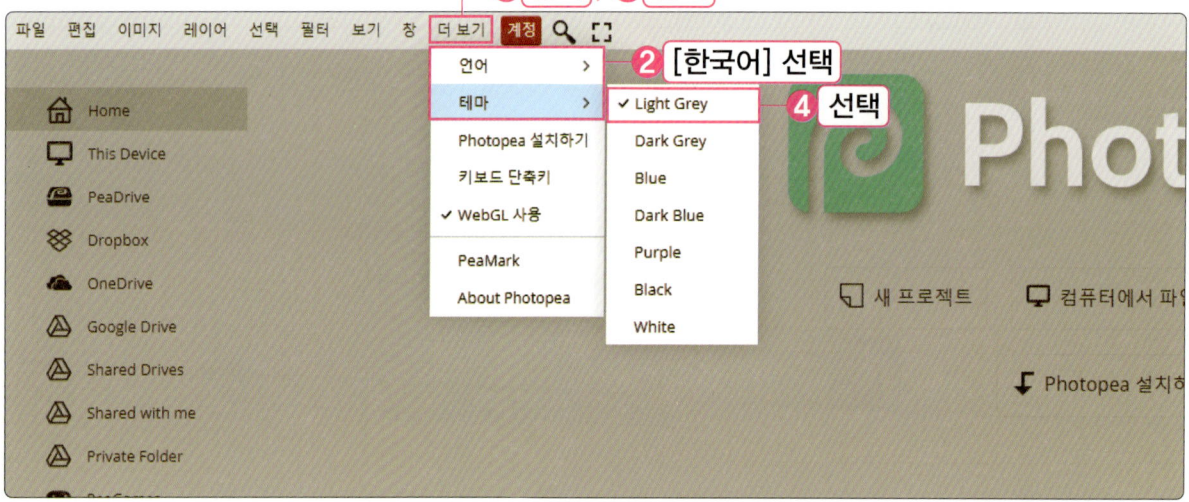

③ 포토피아의 화면 구성을 살펴보기 위해 [새 프로젝트]를 클릭합니다.

10 캐릭터 디자인으로 시작하는 똑똑한 컴퓨터 놀이

❹ 새 프로젝트 화면이 나타나면 아래 그림과 같이 프로젝트의 이름 및 크기 등을 지정하고 [생성]을 클릭합니다.

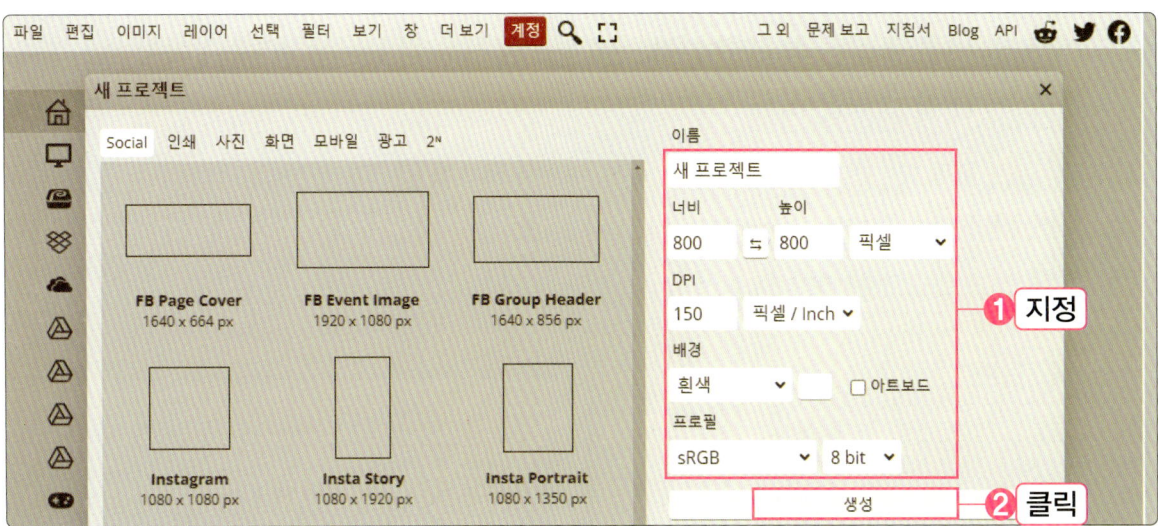

❺ 드디어 포토피아 첫 화면이 열렸습니다. 그럼, 지금부터 화면 구성을 살펴 보겠습니다.

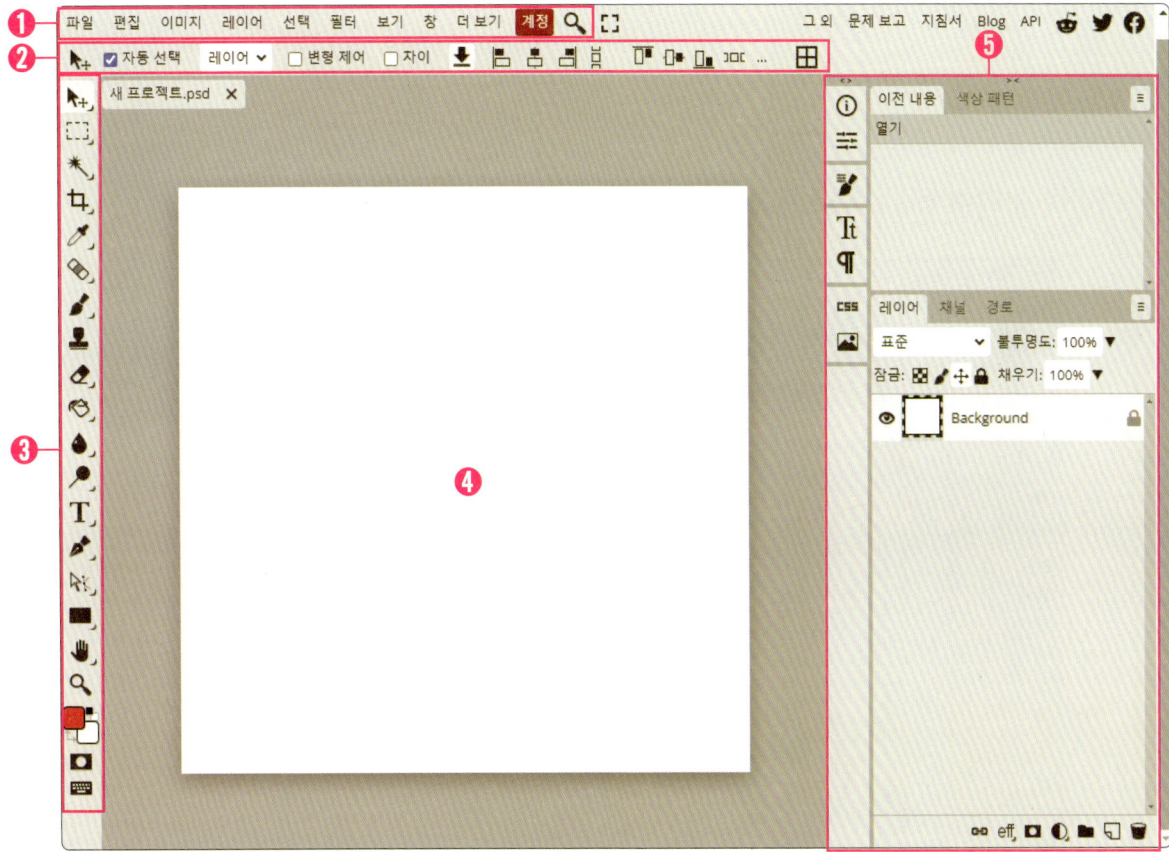

❶ **메뉴 바** : 작업에 필요한 명령들이 주제별로 정리되어 있으며, 클릭하면 해당 주제와 관련된 명령들이 담긴 메뉴 화면이 나옵니다.

❷ **옵션 바** : 도구 모음에서 선택된 도구의 세밀한 옵션을 설정할 수 있습니다.

❸ **도구 모음** : 작업에 필요한 도구들을 모아 놓은 곳입니다. 작은 화살표가 있는 도구는 2초 정도 꾹 누르면 숨겨진 도구가 표시 됩니다. 포토피아 전체 창의 크기가 작아지면 도구가 몇개씩 사라집니다.

❹ **작업 공간** : 우리가 작업하는 공간입니다.

❺ **패널** : 도구와 함께 작업에 사용되는 중요한 팔레트입니다.

## ③ 새 파일 열고 저장하기

❶ [파일]-[열기]를 클릭한 후 [포토피아]-[01장]-[불러올 파일]-[풍선매단강아지.jpg] 파일을 선택하고 [열기]를 클릭합니다.

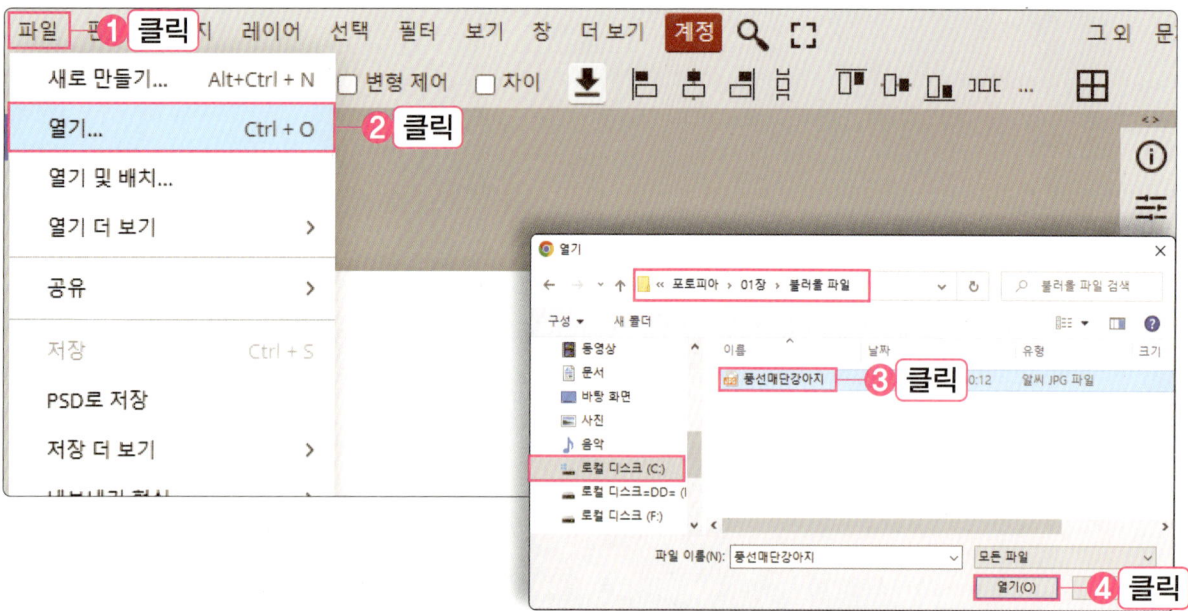

❷ 파일이 열리면 Ctrl+A를 눌러 모두 선택을 한 후 Ctrl+C를 눌러 복사합니다.

❸ [새 프로젝트.psd] 파일을 선택한 후 Ctrl+V를 눌러 붙여넣기를 합니다.

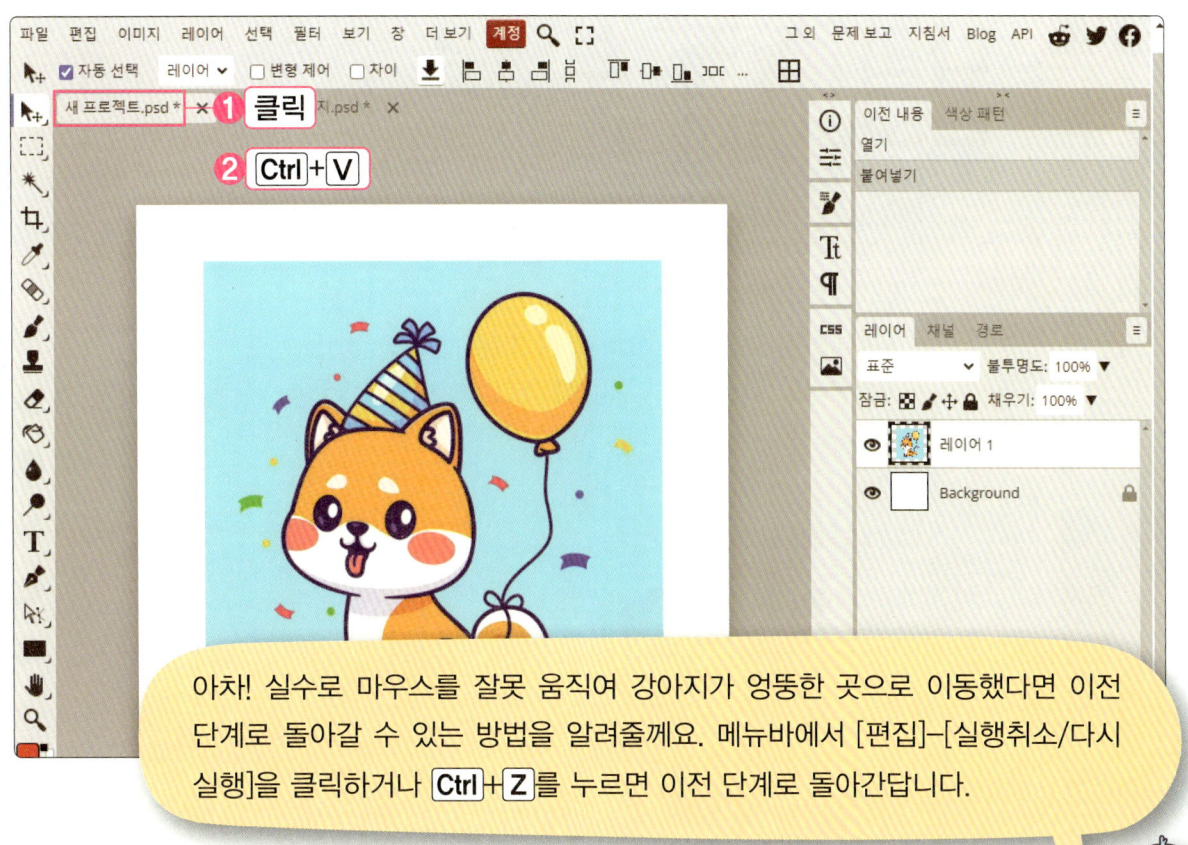

아차! 실수로 마우스를 잘못 움직여 강아지가 엉뚱한 곳으로 이동했다면 이전 단계로 돌아갈 수 있는 방법을 알려줄께요. 메뉴바에서 [편집]-[실행취소/다시 실행]을 클릭하거나 Ctrl+Z를 누르면 이전 단계로 돌아간답니다.

❹ 붙여넣기가 확인되면 [파일]-[PSD로 저장]을 클릭한 후 [문서] 폴더의 본인의 이름 폴더에 "새 프로젝트_완성"으로 입력하고 저장합니다.

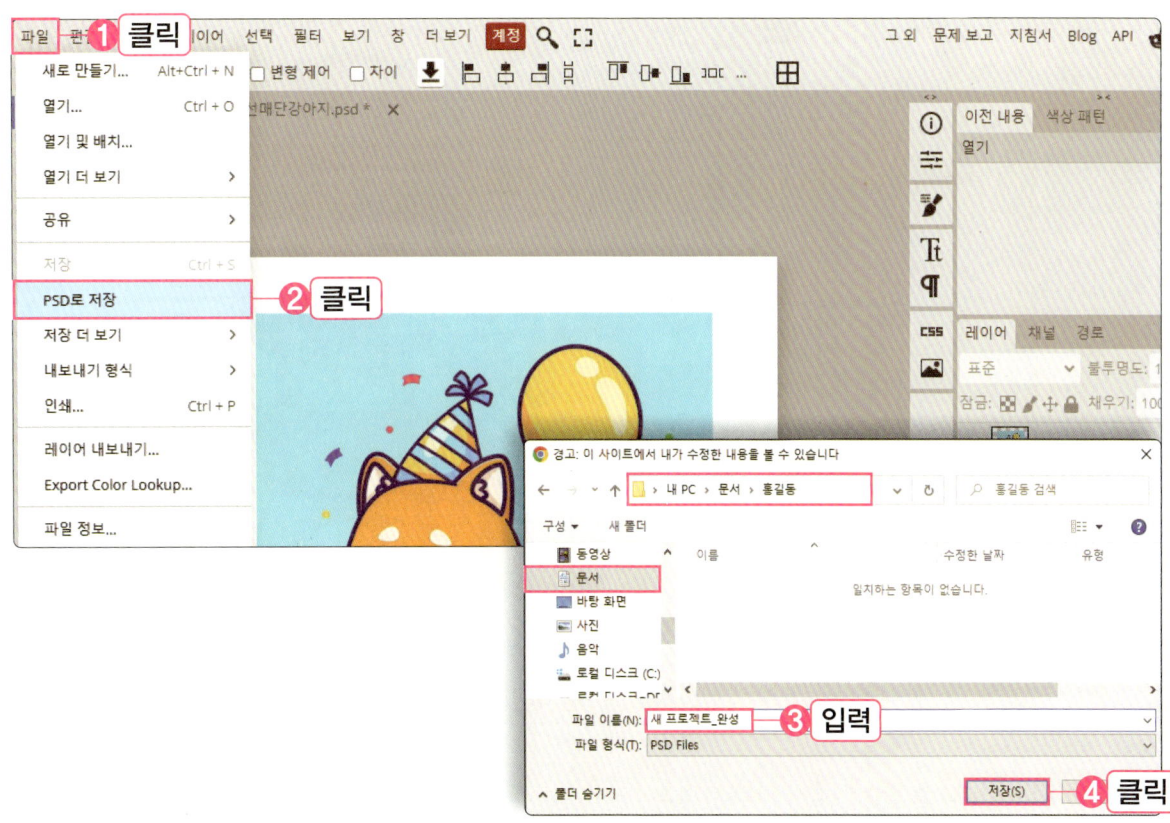

Chapter 01 · 포토피아 품속으로 들어가 볼까요?  13

# Chapter 02
## 나의 장래 희망은 무엇일까요?

■ 불러올 파일 : 장래희망.psd   ■ 완성된 파일 : 장래희망_완성.psd

◆ 레이어의 그림을 보이지 않게 하는 방법을 알아보아요.
◆ 레이어의 그림을 보이게 하는 방법을 알아보아요.

Before

After

14 캐릭터 디자인으로 시작하는 똑똑한 컴퓨터 놀이

#  레이어의 그림을 보이게 하기, 안 보이게 하기

① 크롬 브라우저에서 '포토피아'를 검색해 웹사이트에 접속합니다.

② [컴퓨터에서 파일 열기]를 클릭한 후 [포토피아]-[02장]-[불러올 파일]-[장래희망] 파일을 클릭한 다음 [열기]를 클릭합니다.

③ [장래희망.psd] 파일이 열리면 '은우'의 모습을 볼 수 있습니다.

④ [은우] 레이어의 눈(◉)을 클릭해 보이지 않게한 후 [축구선수] 레이어의 눈(◉)을 클릭해 보이게 합니다.

⑤ 이번에는 [축구선수] 레이어의 눈(◉)을 클릭해 보이지 않게한 후 [요리사] 레이어의 눈(◉)을 클릭해보이게 합니다.

❻ 이번에는 [요리사] 레이어의 눈(◉)을 클릭해 보이지 않게한 후 [기술자] 레이어의 눈(◉)을 클릭해 보이게 합니다.

❼ 이번에는 [기술자] 레이어의 눈(◉)을 클릭해 보이지 않게한 후 [의사] 레이어의 눈(◉)을 클릭해 보이게 합니다.

Chapter 02 • 나의 장래 희망은 무엇일까요? **17**

⑧ 이번에는 [의사] 레이어의 눈(👁)을 클릭해 보이지 않게한 후 [경찰] 레이어의 눈(👁)을 클릭해 보이게 합니다. 나머지 [농장주인]과 [박사] 레이어 눈(👁)도 차례대로 클릭해 알아봅니다.

⑨ 내가 좋아하는 직업의 눈(👁)을 클릭하고 [파일]-[PSD로 저장]을 클릭한 후 [문서] 폴더의 본인의 이름 폴더에 "장래희망_완성"으로 입력하고 저장합니다.

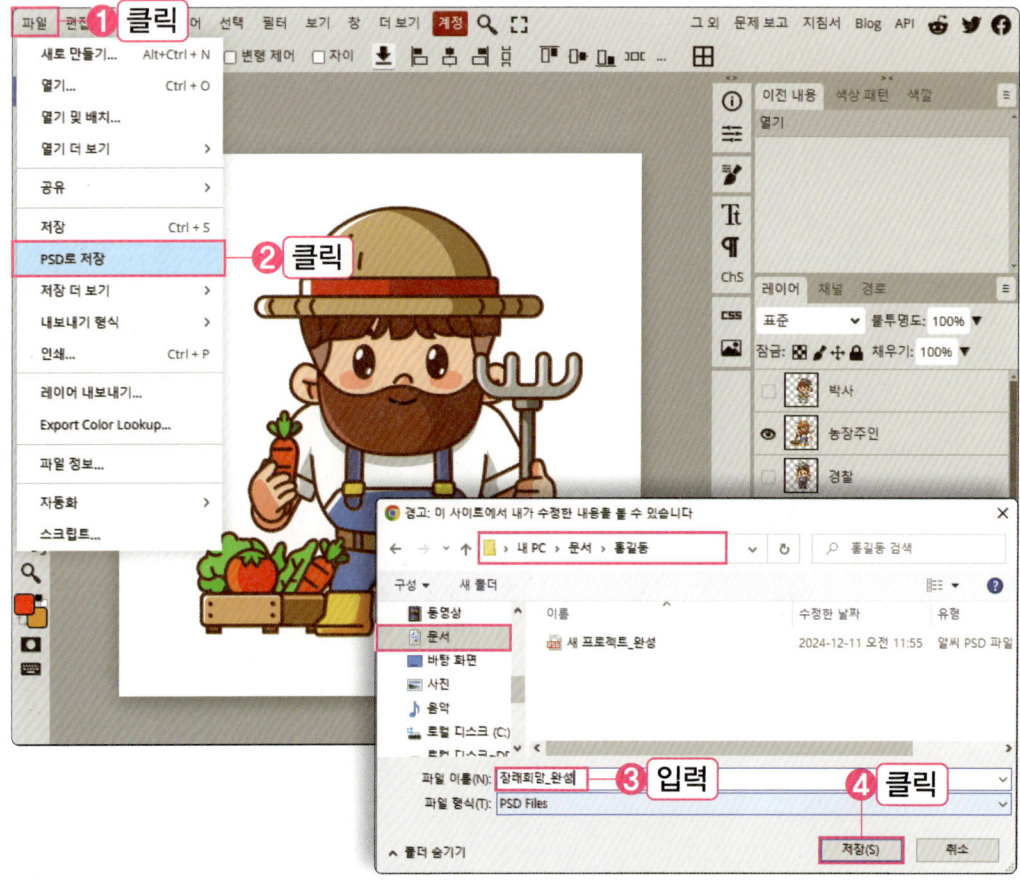

## 도전! 혼자서 해결해 볼께요!

**1** 여러대의 자전거가 숨어있어요. 하나씩 살펴보고 내가 좋아하는 스타일의 자전거를 선택하고 저장하세요.

▲ 자전거.psd

▲ 자전거_완성.psd

# Chapter 03
# 보고 싶은 친구 사진 다시 볼께요!

불러올 파일 : 친구사진.psd    완성된 파일 : 친구사진_완성.psd

**학습내용**
- 레이어의 불투명도 조절 방법을 알아보아요.
- 불투명도 조절바 사용 방법을 알아보아요.

Before

After

20　캐릭터 디자인으로 시작하는 똑똑한 컴퓨터 놀이

**레이어의 불투명도 조절하기**

① 크롬 브라우저에서 '포토피아'를 검색해 웹사이트에 접속합니다.

② [컴퓨터에서 파일 열기]를 클릭한 후 [포토피아]-[03장]-[불러올 파일]-[친구사진] 파일을 클릭한 다음 [열기]를 클릭합니다.

③ [친구사진.psd] 파일이 열리면 귀여운 강아지 그림을 볼 수 있습니다.

❹ [강아지] 레이어를 선택한 후 [불투명도]에 "50%"를 입력합니다. 어! [친구5] 사진이 겹쳐 보입니다.

❺ 이번에는 [강아지] 레이어 [불투명도]에 "0%"를 입력합니다. 강아지 사진이 안 보입니다. [강아지] 레이어의 눈(👁)이 보이게 되어있지만 '불투명도'가 '0%'라 보이지 않는겁니다. [강아지] 레이어와 [친구5] 레이어의 눈(👁)을 클릭해 보이지 않게 합니다.

22 캐릭터 디자인으로 시작하는 똑똑한 컴퓨터 놀이

❻ 이번에는 [친구4] 레이어와 [친구3] 레이어의 눈(◉)을 클릭해 보이게한 후 [친구4] 레이어를 선택합니다.

❼ [불투명도] 숫자 옆 화살표(▼)를 클릭한 후 나타나는 슬라이드 바를 좌, 우로 드래그 해 봅니다. '0%'로 지정합니다. [친구4] 레이어와 [친구3] 레이어의 눈(◉)을 클릭해 보이지 않게 합니다.

⑧ 이번에는 [친구2] 레이어와 [친구1] 레이어의 눈(👁)을 클릭해 보이게한 후 [친구2] 레이어를 선택합니다. [친구2] 레이어 [불투명도]에 "0%"를 입력합니다.

⑨ 지금 내가 가장 보고싶은 친구를 보이게한 후 [파일]-[PSD로 저장]을 클릭한 다음 [문서] 폴더의 본인의 이름 폴더에 "친구사진_완성"으로 입력하고 저장합니다.

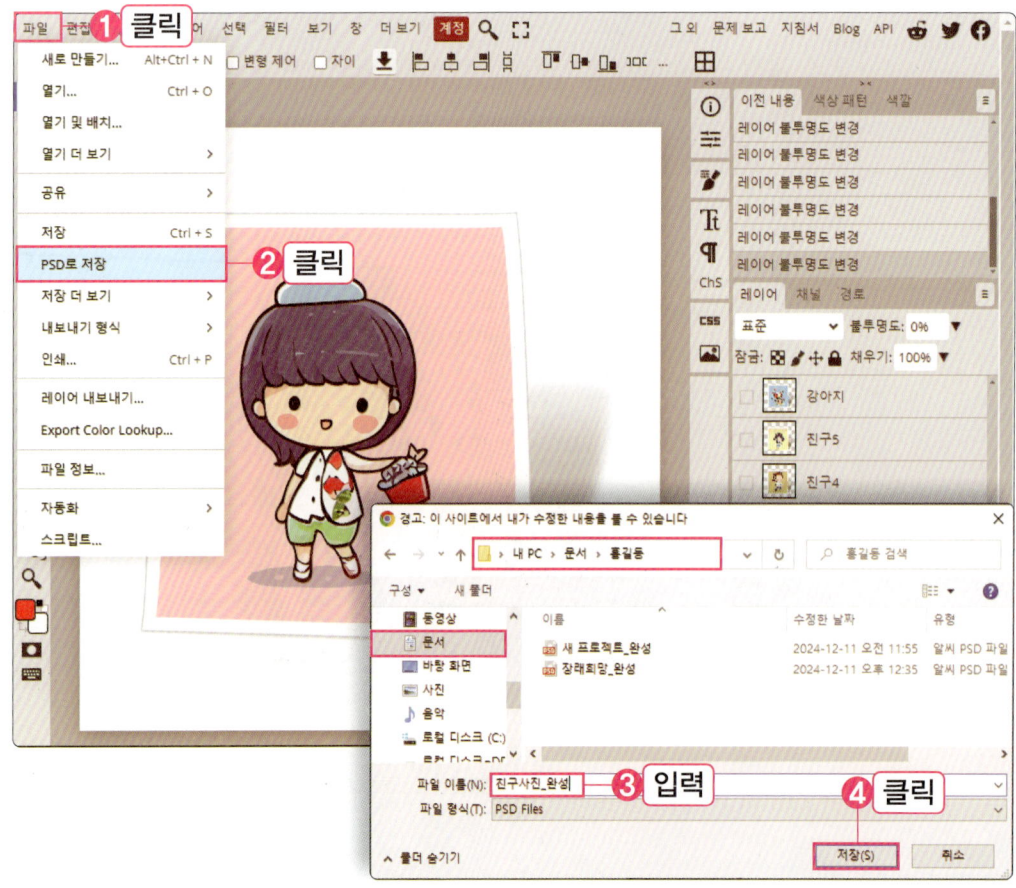

24 캐릭터 디자인으로 시작하는 똑똑한 컴퓨터 놀이

## 도전! 혼자서 해결해 볼께요!

 레이어의 불투명도 조절 방법을 사용해서 내가 좋아하는 스타일의 가방을 선택하고 저장하세요.

▲ 가방.psd

▲ 가방_완성.psd

Chapter 03 • 보고 싶은 친구 사진 다시 볼께요! **25**

# Chapter 04

# 내가 좋아하는 동물 복장

📄 불러올 파일 : 동물복장.psd   📄 완성된 파일 : 동물복장_완성.psd

◆ 여러개의 레이어의 그림을 보이지 않게 하는 방법을 알아보아요.
◆ 그림의 크기를 조절하는 방법을 알아보아요.

**여러개의 레이어의 그림을 보이게 하기, 안 보이게 하기**

① 크롬 브라우저에서 '포토피아'를 검색해 웹사이트에 접속합니다.

② [컴퓨터에서 파일 열기]를 클릭한 후 [포토피아]-[04장]-[불러올 파일]-[동물복장] 파일을 클릭한 다음 [열기]를 클릭합니다.

③ [동물복장.psd] 파일이 열리면 3명의 친구들을 볼 수 있습니다.

Chapter 04 · 내가 좋아하는 동물 복장  27

❹ [펜더] 레이어의 눈(◉)을 클릭 후 [개구리] 레이어까지 드래그하여 3개의 레이어를 보이지 않게합니다. [고양이] 레이어의 눈(◉)을 클릭 후 [토끼] 레이어까지 드래그하여 3개의 레이어를 보이게 합니다.

❺ 레이어 팔레트 우측바를 아래로 드래그합니다. [고양이] 레이어의 눈(◉)을 클릭 후 [토끼] 레이어까지 드래그하여 보이지 않게합니다. [송아지] 레이어의 눈(◉)을 클릭 후 [곰] 레이어까지 드래그하여 보이게 합니다.

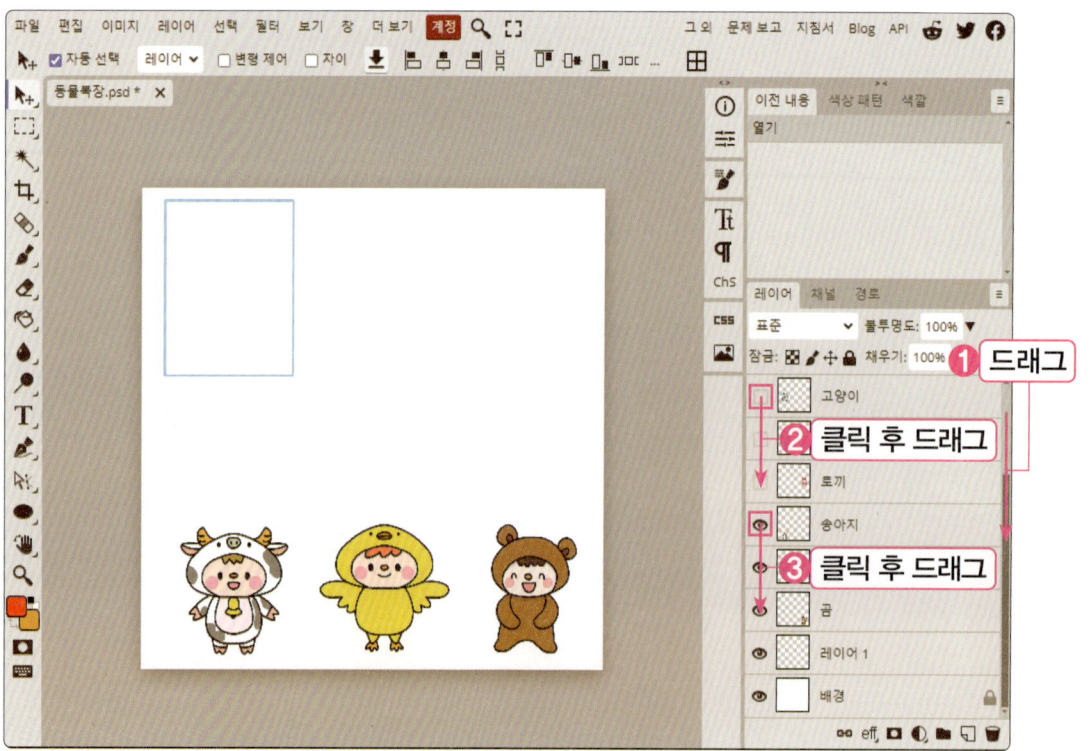

❻ [이동 도구(  )]를 선택한 후 '송아지' 그림을 클릭해 상단 파란선 안으로 그래그합니다.

❼ 파란선 안으로 정확히 이동했습니다. [토끼] 레이어 눈(  )을 클릭해 보이게한 후 [토끼] 레이어를 클릭합니다.

❽ [배경]과 [토끼] 레이어를 제외한 모든 레이어의 눈(  )을 클릭 후 드래그해 그림이 안 보이게 합니다.

Chapter 04 • 내가 좋아하는 동물 복장

## ② 그림 키우고 저장하기

❶ [편집]-[자유 변형]을 클릭합니다.

❷ Shift 를 누른 상태에서 크기 조절점(↔)을 드래그하여 '토끼' 그림을 키우고 중앙으로 이동한 다음 Enter 를 누릅니다. [파일]-[PSD로 저장]을 클릭한 후 [문서] 폴더의 본인의 이름 폴더에 "동물복장_완성"으로 입력하고 저장합니다.

30 캐릭터 디자인으로 시작하는 똑똑한 컴퓨터 놀이

## 도전! 혼자서 해결해 볼께요!

**1** 생일별자리를 알아보는 중입니다. 하나씩 확인해보고 내 생일에 맞는 별자리를 선택한 후 자유 변형 도구를 이용해 확대하고 저장하세요.

▲ 별자리.psd

▲ 별자리_완성.psd

# Chapter 05

## 외출복 골라 입기

📄 불러올 파일 : 외출복.psd   📄 완성된 파일 : 외출복_완성.psd

**학습내용**
- 레이어 이동 방법에 대해 알아보아요.
- 파일을 열어 전체 선택하고, 복사하고, 붙여넣고, 크기 조절하는 방법에 대해 알아보아요.

Before

After

32 캐릭터 디자인으로 시작하는 똑똑한 컴퓨터 놀이

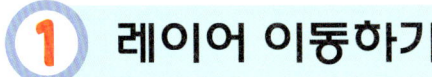

## 레이어 이동하기

1. 크롬 브라우저에서 '포토피아'를 검색해 웹사이트에 접속합니다.

2. [컴퓨터에서 파일 열기]를 클릭한 후 [포토피아]-[05장]-[불러올 파일]-[외출복] 파일을 클릭한 다음 [열기]를 클릭합니다.

3. [외출복.psd] 파일이 열렸네요! 세리가 친구와 약속이 있어 외출을 해야 하는데 어떤 옷을 입고 나가는 것이 좋을까요?

4 [이동 도구( )]를 선택한 후 '양말' 그림을 클릭해 '세리' 발로 드래그합니다.

[옵션 바]에서 '자동 선택( ☑ 자동 선택 )'이 체크되어 있어야 작업창의 원하는 그림이 이동됩니다.

5 '세리' 발에 잘 맞추었다면 [핑크신발], [녹색바지], [하늘색반팔]도 순서대로 잘 입혀줍니다.

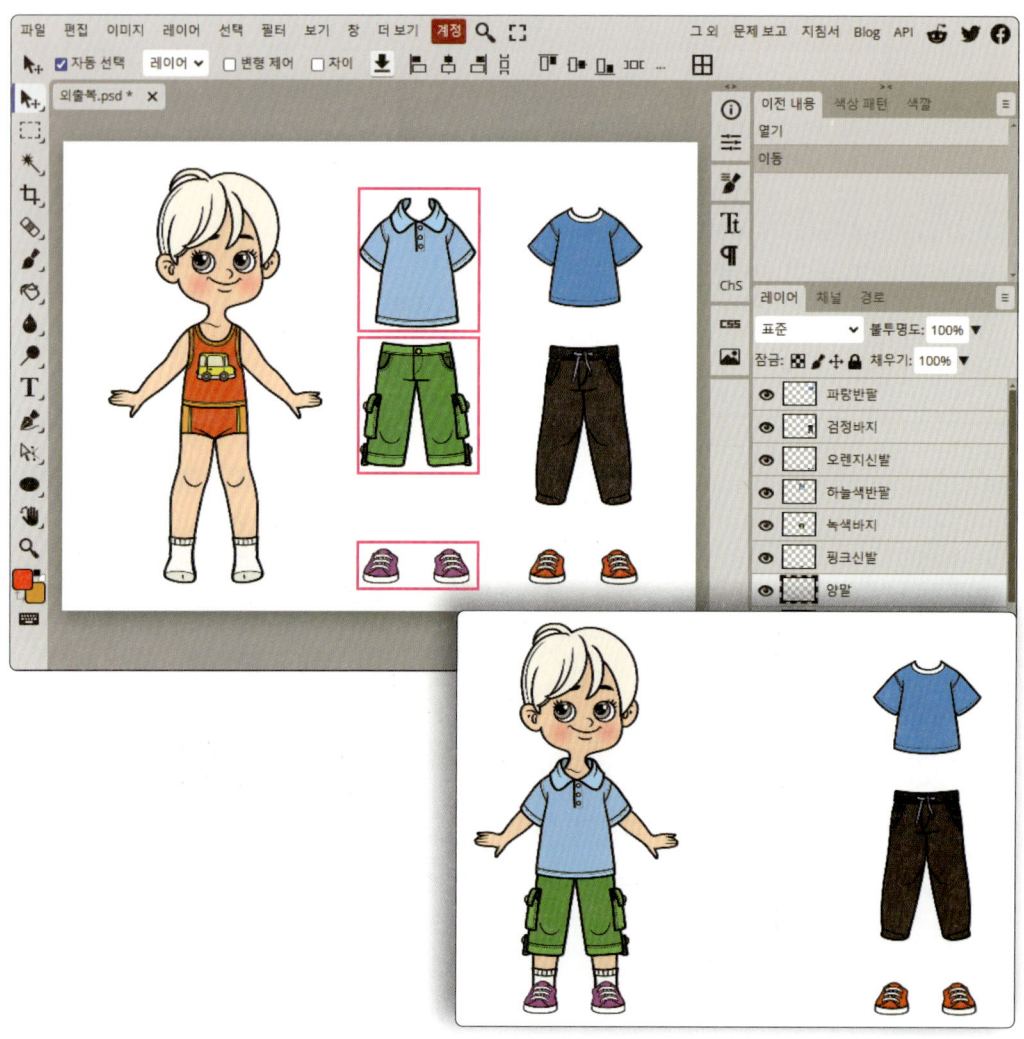

## ② 그림 불러와 크기 조절하고 저장하기

❶ [파일]-[열기]를 클릭한 후 [검정후드]를 선택하고 [열기]를 클릭합니다.

❷ 파일이 열리면 Ctrl+A를 눌러 모두 선택한 후 Ctrl+C를 눌러 복사합니다.

❸ [외출복.psd]를 클릭하여 Ctrl+V를 눌러 붙여넣기를 합니다.

❹ Alt+Ctrl+T(자유 변형)를 누른 후 Shift를 누른 상태로 크기를 조절한 다음 Enter를 누릅니다. [파일]-[PSD로 저장]을 클릭한 후 [문서] 폴더 본인의 이름 폴더에 "외출복_완성"으로 입력하고 저장합니다.

**1** 제 멋대로 흩어져있는 퍼즐 조각을 왼쪽 자리로 옮겨 완성하세요.

▲ 퍼즐.psd

▲ 퍼즐_완성.psd

Chapter 05 • 외출복 골라 입기　37

1. 다음 포토피아 도구 모음 중에서 [페인트 통 도구]는 무엇일까요?

① T    ② 지우개    ③ 페인트통    ④ 브러시

2. 파일을 열어 복사한 다음 다른 곳으로 붙여넣기 할 때 사용하는 단축키는 무엇일까요?

① Ctrl+V    ② Ctrl+A    ③ Ctrl+Z    ④ Ctrl+C

3. 다음중 레이어에 대한 설명으로 틀린 것은?

① 레이어는 그림을 그릴 수 있는 투명한 필름이라 할 수 있습니다.
② 레이어는 각각의 레이어를 따로 움직일 수 없습니다.
③ 레이어는 보이게 할 수도 있고 안 보이게 할 수도 있습니다.
④ 레이어는 불투명도를 조절할 수 있습니다.

4. 작업 중 실수했을 때 이전 단계로 돌아가려 합니다. 이때 사용되는 단축키는 무엇일까요?

① Ctrl+C    ② Ctrl+V    ③ Ctrl+A    ④ Ctrl+Z

정답은 144페이지에서 확인하세요.

## 화려하고 다양한 필터 알아보기

### [필터]-[필터 갤러리]

원본 이미지

필터 갤러리에는 신기한 것이 참 많네요!
예술적, 필법, 왜곡, 스케치, 양식화, 텍스처 이렇게 6가지 주제로 구분해 놓고 있으니까 하나하나 미리보기로 감상하면서 둘러보고 가세요. 이곳에서는 대표적인 몇가지만 보여줄께요~

**예술적**

잘라내기 · 플라스틱 랩 · 거친 파스텔 · 수채화

**필법**

강조된 가장자리 · 잉크 외곽선 · 튐 · 수미애

**왜곡**

확산 글로우 · 유리 · 오션 리플

**스케치**

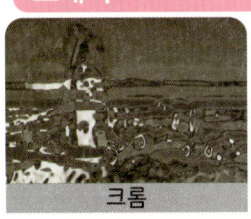   
크롬 · 그래픽 펜 · 우표 · 워터페이퍼

**텍스처**

모자이크 타일 · 덧붙여 대는 세공 · 스테인드 글라스 · 텍스처라이저

# Chapter 07

# 난 기타리스트가 될거야!

불러올 파일 : 기타리스트.psd   완성된 파일 : 기타리스트_완성.psd

- 필요없는 레이어를 가리는 방법에 대해 알아보아요.
- 파일을 열어 전체 선택하고, 복사 후 붙여넣고, 레이어를 이동하는 방법에 대해 알아보아요.

**필요없는 레이어 눈을 가리고 다른 레이어 이동하기**

① 인터넷 온라인 크롬에서 포토피아(photopea.com)로 이동 후 [기타리스트] 파일을 불러옵니다.

② [빗자루] 레이어 눈(◉)을 클릭해 안 보이게 한 후 [이동 도구(▶₊)]를 선택한 다음 '일렉기타1' 그림을 드래그해 '진호' 품으로 가져갑니다.

[옵션 바]에서 '자동 선택(☑ 자동 선택)'이 체크되어 있어야 작업창의 원하는 그림이 이동됩니다.

Chapter 07 · 난 기타리스트가 될거야! **41**

❸ 이번에는 [일렉기타1] 레이어 눈(👁)을 클릭해 안 보이게 한 후 '일렉기타2' 그림을 드래그해 '진호' 품으로 가져갑니다.

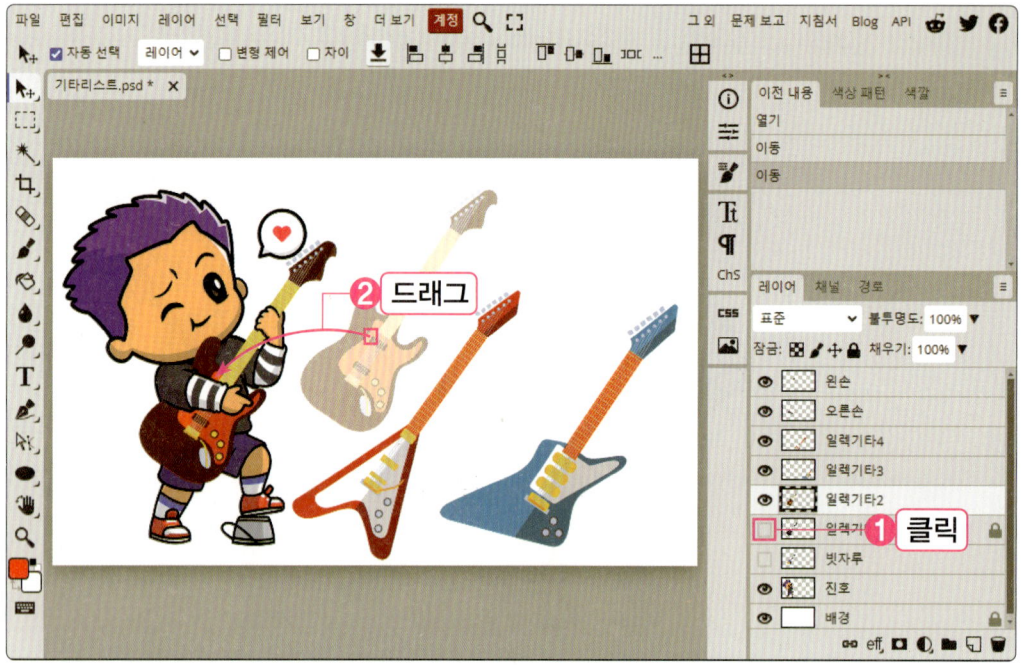

❹ 나머지 [일렉기타]도 같은 방법으로 옮겨봅니다.

## ❷ 그림을 불러와 레이어 이동하고 저장하기

❶ [파일]-[열기]를 클릭한 후 [통기타]를 선택하고 [열기]를 클릭합니다.

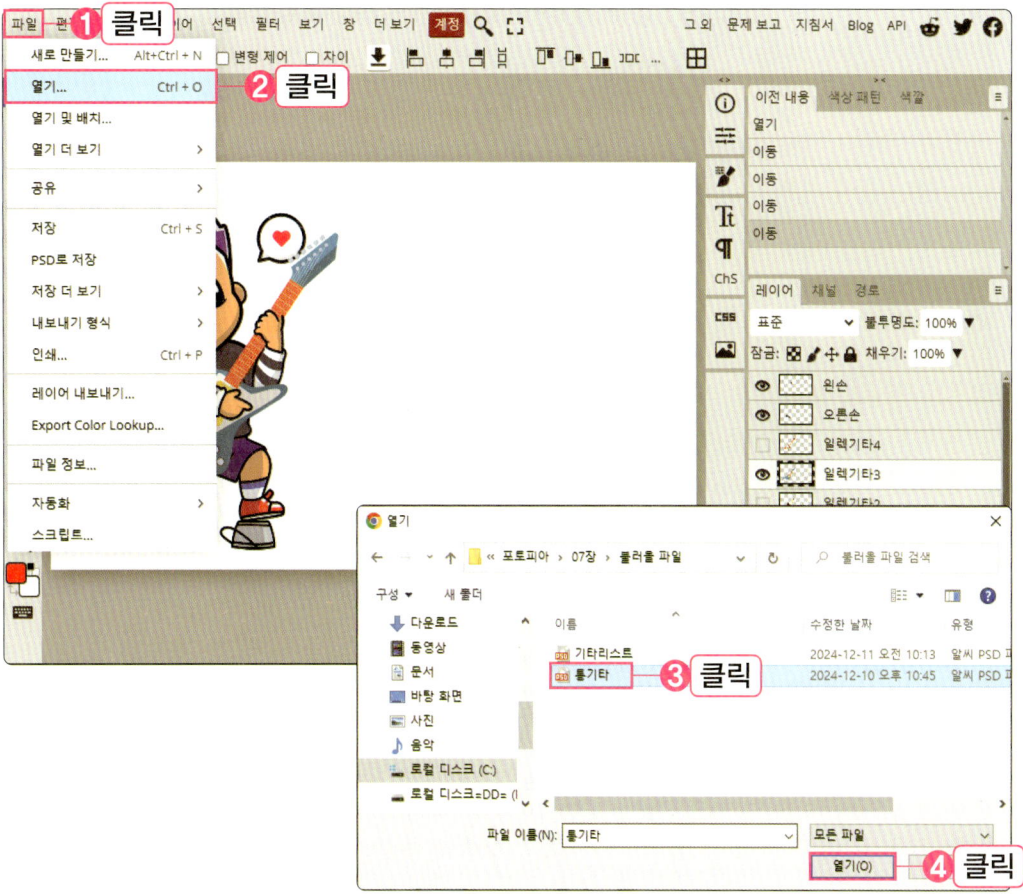

❷ 파일이 열리면 Ctrl+A를 눌러 모두 선택을 한 후 Ctrl+C를 눌러 복사합니다.

Chapter 07 • 난 기타리스트가 될거야! **43**

❸ [기타리스트.psd]를 선택한 후 Ctrl+V를 눌러 붙여넣기를 합니다.

❹ [일렉기타3] 레이어 눈(👁)을 클릭해 안 보이게한 후 새로 가져온 '통기타' 그림을 드래그해 '진호' 품으로 가져갑니다. [파일]-[PSD로 저장]을 클릭한 후 [문서] 폴더의 본인의 이름 폴더에 "기타리스트_완성"으로 입력하고 저장합니다.

44 캐릭터 디자인으로 시작하는 똑똑한 컴퓨터 놀이

# 도전! 혼자서 해결해 볼께요!

**1** 나는 어떤 오토바이가 어울릴까? 하나씩 맞춰보고 마음에드는 오토바이를 선택해서 저장하세요.

▲ 오토바이.psd

▲ 오토바이_완성.psd

Chapter 07 · 난 기타리스트가 될거야! **45**

# Chapter 08

# 나는 초밥왕!

📁 불러올 파일 : 초밥.psd   📁 완성된 파일 : 초밥_완성.psd

**학습내용**
- 레이어 눈을 보이게 하는 방법을 알아보아요.
- 레이어를 차례대로 움직여 보아요.

Before

After

46 캐릭터 디자인으로 시작하는 똑똑한 컴퓨터 놀이

##  레이어 눈을 보이게 하고 레이어 이동하기

① 인터넷 온라인 크롬에서 포토피아(photopea.com)로 이동 후 [초밥] 파일을 불러옵니다.

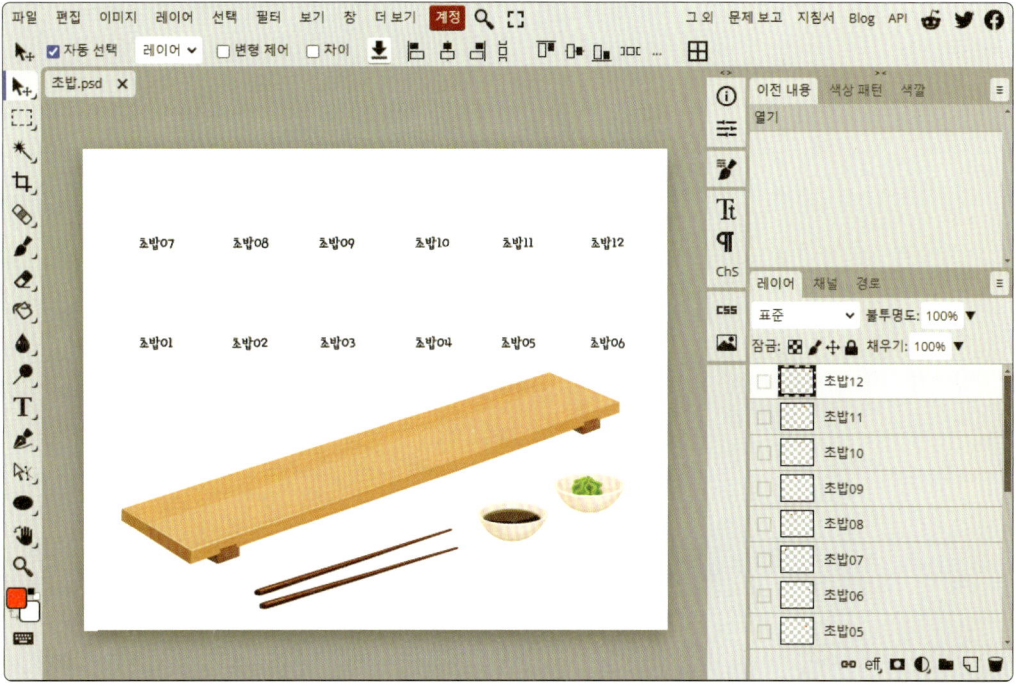

② [초밥12] 레이어부터 [초밥5] 레이어까지 눈부분을 아래로 클릭, 드래그해 '초밥'이 보이게 합니다.

❸ [레이어]팔레트 우측 이동바를 [초밥1]레이어가 보일때까지 아래로 이동한 다음 [초밥4] 레이어에서 [초밥1] 레이어까지 눈부분을 아래로 드래그해 모든 초밥이 보이게 합니다.

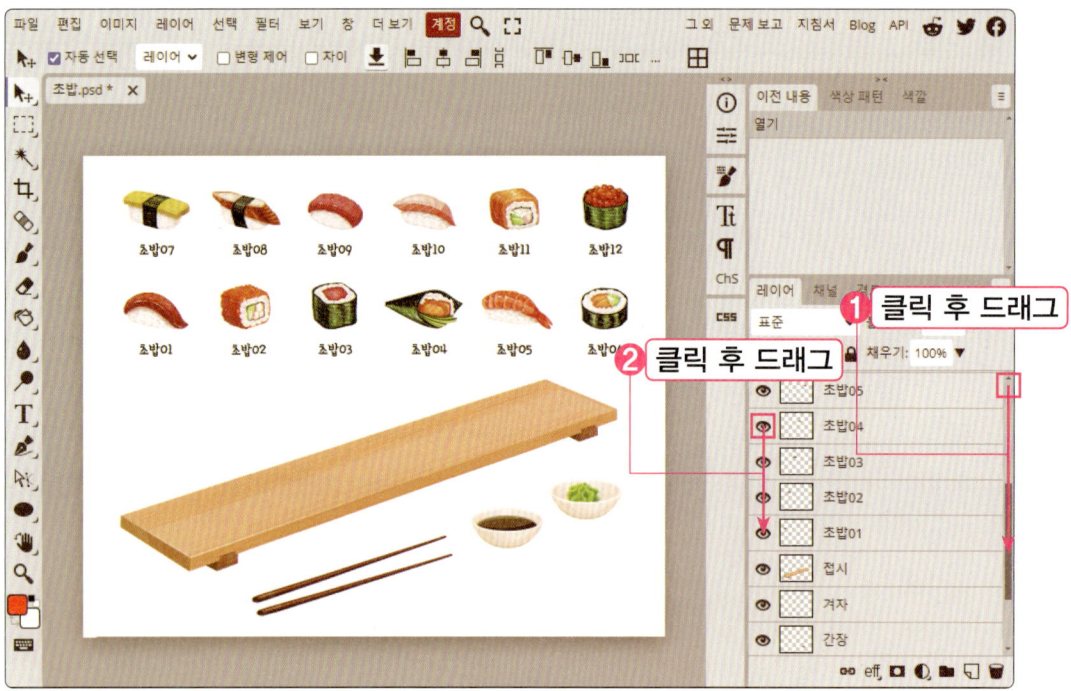

❹ [이동 도구( )]를 선택한 후 '초밥1' 그림을 클릭, 드래그해 접시 끝부분으로 이동합니다.

❺ 이번에는 '초밥2' 그림을 클릭, 드래그해 '초밥1' 앞으로 이동합니다.

❻ 이번에는 '초밥3' 그림을 클릭, 드래그해 '초밥2' 앞으로 이동합니다.

❼ [초밥12] 레이어까지 차례대로 이동해서 접시에 올려놓습니다.

Chapter 08 • 나는 초밥왕!

⑧ [레이어]팔레트 우측 이동바를 [배경] 레이어가 보일때까지 아래로 이동한 다음 [텍스트] 레이어의 눈부분을 클릭해 텍스트가 사라지게 합니다.

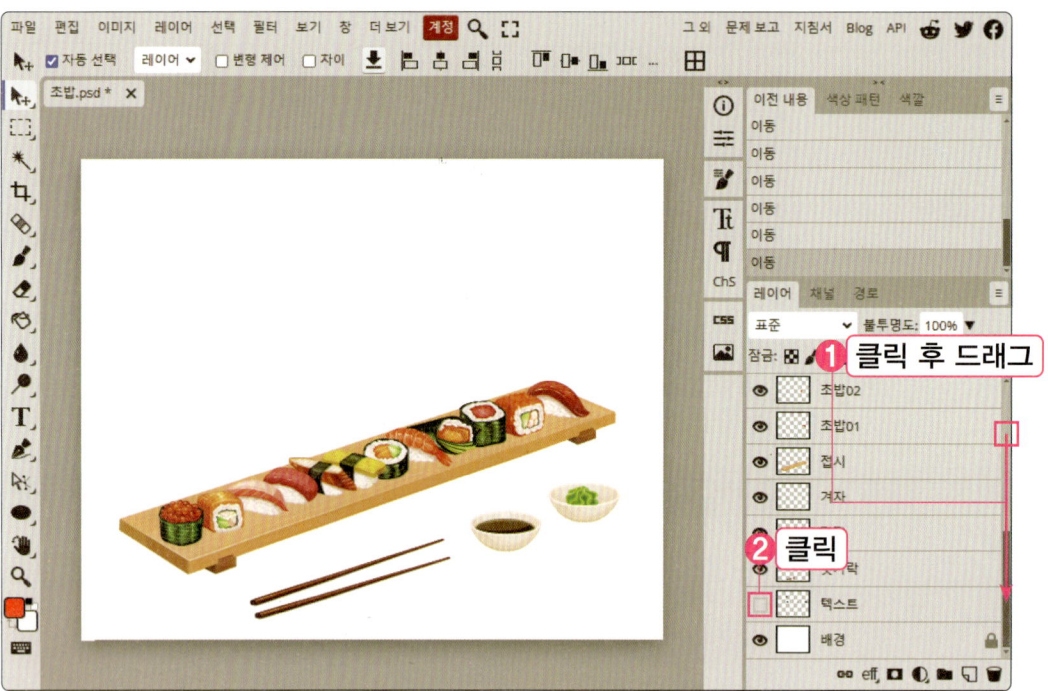

⑨ [파일]-[PSD로 저장]을 클릭한 후 [문서] 폴더의 본인의 이름 폴더에 "초밥_완성"으로 입력하고 저장합니다.

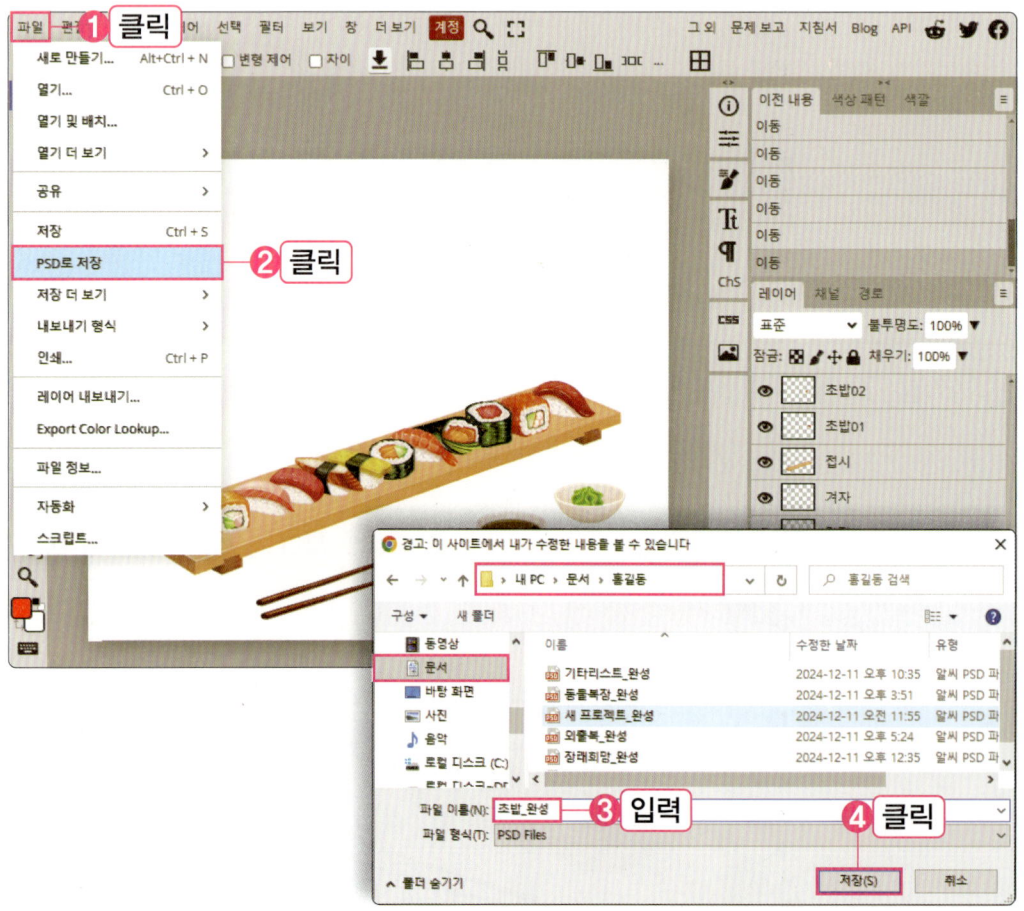

**1** 맛있는 음식들이 많네요! 내가 좋아하는 순서대로 잘 정돈해서 저장하세요.

▲ 맛있는음식.psd

▲ 맛있는음식_완성.psd

Chapter 08 · 나는 초밥왕!

# Chapter 09

## 우리집 댕댕이 색칠하기

📁 불러올 파일 : 댕댕이색칠하기.psd   📁 완성된 파일 : 댕댕이색칠하기_완성.psd

◆ 페인트 통 도구를 이용해 색칠해 보아요.
◆ 붓 도구를 이용해 색칠해 보아요.

52  캐릭터 디자인으로 시작하는 똑똑한 컴퓨터 놀이

## 1 페인트 통으로 색칠하기

1. 인터넷 온라인 크롬에서 포토피아(photopea.com)로 이동 후 [댕댕이색칠하기] 파일을 불러옵니다. 미완성 댕댕이 그림이 나옵니다.

2. [댕댕이먹선] 레이어를 선택합니다.

❸ [페인트 통 도구(　)]를 선택한 후 [옵션 바]에서 [여유도]에 "200"을 입력합니다.

❹ 도구 모음에서 전경색을 클릭한 후 [색상 선택기]에서 "R : 240, G : 155, B : 124"를 입력하고 [확인]을 클릭합니다.

❺ [페인트 통 도구( )]로 댕댕이 피부색을 모두 클릭해서 빠짐없이 칠해줍니다.

❻ 다시 도구 모음에서 전경색을 클릭한 후 [색상 선택기]에서 "R : 255, G : 165, B : 203"를 입력하고 [확인]을 클릭합니다.

❼ [페인트 통 도구(  )]로 댕댕이 모자를 클릭해서 칠해줍니다.

❽ 이번에는 [Background] 레이어를 선택합니다.

56 캐릭터 디자인으로 시작하는 똑똑한 컴퓨터 놀이

❾ 배경색을 칠하기위해 도구 모음에서 전경색을 클릭한 후 [색상 선택기]에서 "R : 255, G : 94, B : 136"를 입력하고 [확인]을 클릭합니다.

❿ [페인트 통 도구(  )]로 배경을 클릭해서 칠해줍니다.

## ② 붓으로 색칠하기

❶ 다시 [댕댕이먹선] 레이어를 선택합니다. 그런 다음 도구 모음에서 전경색과 배경색 사이에 있는 화살표를 클릭해 전경색과 배경색을 바꿔줍니다.

❷ 도구 모음에서 [확대 / 축소 도구(🔍)]를 선택한 후 댕댕이 얼굴 부분을 드래그해 확대합니다.

❸ 도구 모음에서 [붓 도구( ✏️ )]를 선택합니다.

❹ 붓 크기를 설정하기 위해 [옵션 바]에서 [붓 크기( ● )]를 클릭한 후 [크기]에 "15"를 입력합니다.

❺ 눈동자와 목줄에 흰색 점을 찍어줍니다.

❻ [파일]-[PSD로 저장]을 클릭한 후 [문서] 폴더의 본인의 이름 폴더에 "댕댕이색칠하기_완성"으로 입력하고 저장합니다.

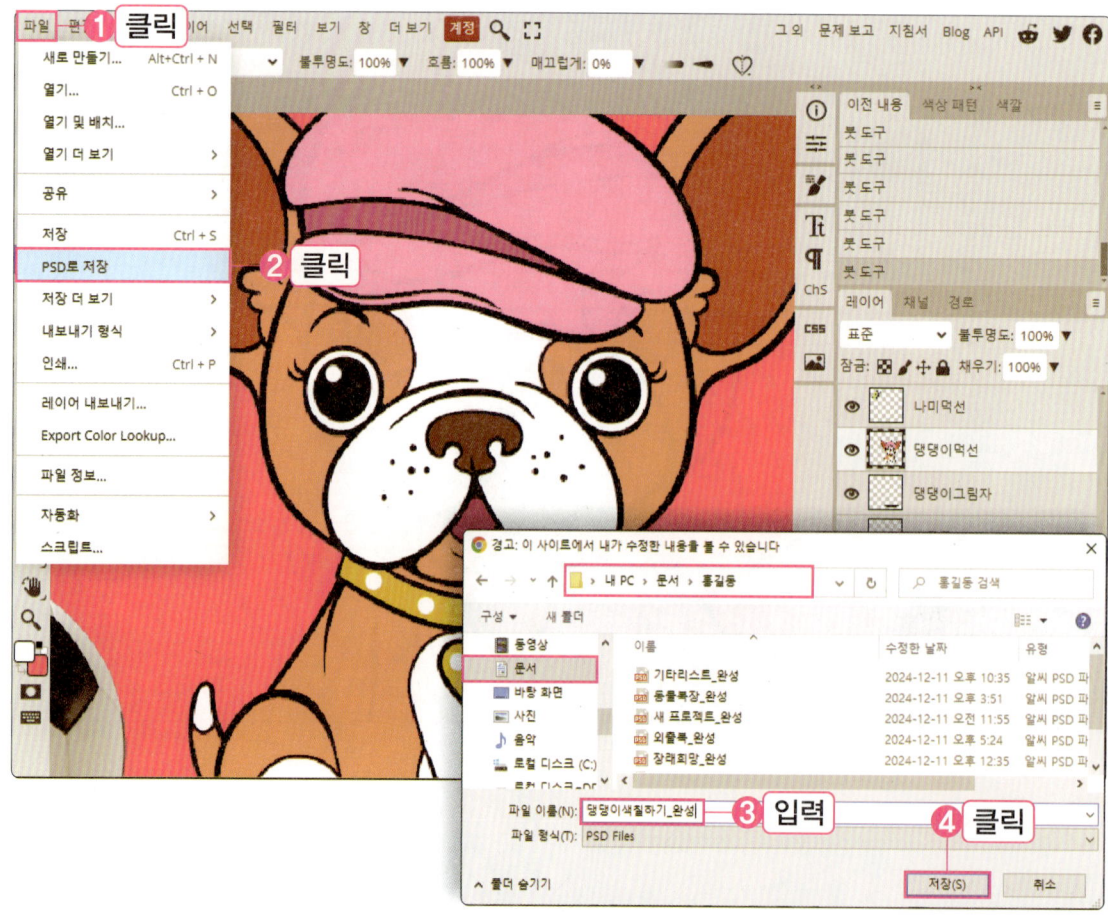

## 도전! 혼자서 해결해 볼께요!

**1** 페인트 통 도구와 붓 도구를 이용해 예쁘게 색칠해 보세요.

▲ 고양이.psd

▲ 고양이_완성.psd

# Chapter 10
# 산타할아버지 옷 입히기

📁 불러올 파일 : 산타할아버지.psd   📁 완성된 파일 : 산타할아버지_완성.psd

**학습 내용**
- ◆ 페인트 통 도구를 이용해 색칠해 보아요.
- ◆ 레이어의 이동 방법에 대해 알아보아요.

Before

After

## ① 산타할아버지 옷 색칠하기

❶ 인터넷 온라인 크롬에서 포토피아(photopea.com)로 이동 후 [산타할아버지] 파일을 불러옵니다. [산타상의] 레이어를 선택합니다.

❷ 빨간색 정보를 가져오기 위해 도구 모음에서 스포이드( )를 선택하고 산타바지의 빨간색 부분을 클릭합니다.

❸ 도구 모음에서 페인트 통 도구( )를 클릭하고 옵션 바에서 여유도에 "100"을 입력합니다.

❹ 산타상의를 클릭해 칠해줍니다.

스포이드 도구는 원하는 부분을 클릭하면 클릭한 곳의 색상을 알려줍니다. 그냥 클릭하면 전경색( )으로 설정되고 Alt 를 누르고 클릭하면 배경색( )으로 설정됩니다.

❺ 이번에는 [산타모자] 레이어를 선택한 후 산타모자를 클릭해 색을 칠해줍니다.

### 알고나면 쉬워져요!

**레이어란?**

레이어란 그림을 그릴 수 있는 투명한 필름을 말합니다. 포토피아와 같은 대부분의 그래픽 프로그램은 이런 레이어를 이용해 작업하고 편리하게 수정할 수 있도록 만들었습니다.

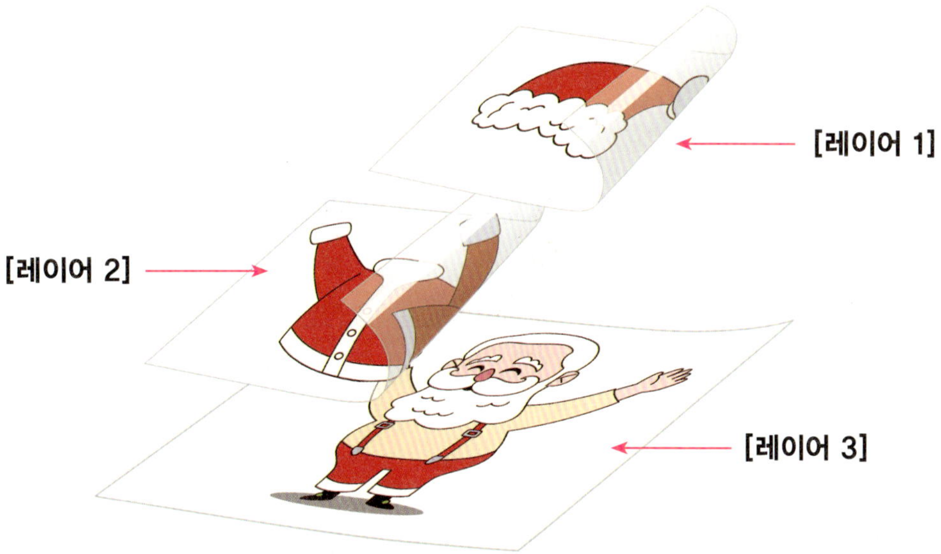

Chapter 10 • 산타할아버지 옷 입히기

## ② 레이어를 움직여 산타 옷 입히기

❶ [이동 도구( )]를 선택한 후 내복입은 산타몸에 [산타모자] 레이어와 [산타상의] 레이어를 차례대로 맞춰 옮겨줍니다.

❷ [파일]-[PSD로 저장]을 클릭한 후 [문서] 폴더의 본인의 이름 폴더에 "산타할아버지_완성"으로 입력하고 저장합니다.

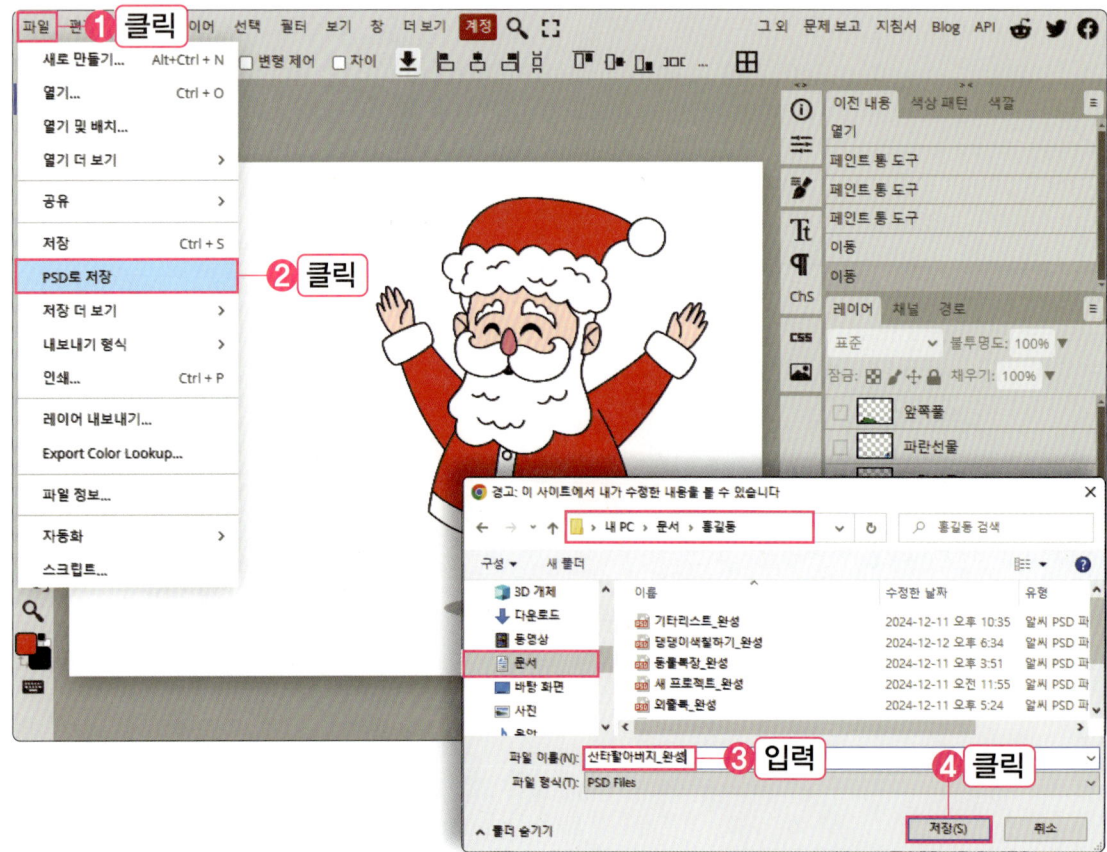

66 캐릭터 디자인으로 시작하는 똑똑한 컴퓨터 놀이

**1** 페이트 통 도구를 이용해 선물상자를 색칠한 후 그 뒤로 선물을 가려보세요.

▲ 선물상자.psd

▲ 선물상자_완성.psd

# Chapter 11
## 루돌프 사슴과 선물 썰매 연결하기

불러올 파일 : 루돌프와썰매.psd　　완성된 파일 : 루돌프와썰매_완성.psd

**학습내용**
- 경로(Path)를 이용해서 다양한 선을 만들어 보아요.
- 붓 도구의 크기와 불투명도 조절 방법을 알아보아요.

Before

After

68　캐릭터 디자인으로 시작하는 똑똑한 컴퓨터 놀이

## 1 루돌프와 썰매 연결하기

❶ 인터넷 온라인 크롬에서 포토피아(photopea.com)로 이동 후 [루돌프와썰매] 파일을 불러옵니다. [루돌프] 레이어를 클릭한 후 [새 레이어(🗋)]를 클릭해 [레이어 1]을 만듭니다.

❷ 도구 모음에서 [기본 전경색과 배경색]을 클릭한 후 [붓 도구(🖌)]를 클릭합니다. [옵션 바]에서 [붓 크기(🔹▼)]를 클릭하고 [크기]에 "6"을 입력합니다.

Chapter 11 • 루돌프 사슴과 선물 썰매 연결하기 **69**

❸ [경로] 팔레트를 클릭한 후 [루돌프와 연결선1]을 클릭한 다음 [Stroke Path with Brush(○)]를 클릭합니다.

❹ [경로] 팔레트의 빈 곳을 클릭해 [루돌프와 연결선1]을 해제하고 결과를 확인합니다.

## ② 붓 도구로 눈(snow) 그리기

❶ 다시 [레이어] 팔레트를 클릭한 후 [레이어 1] 레이어를 클릭한 다음 [새 레이어(　)]를 클릭해 [레이어 2]을 만듭니다.

❷ 도구 모음에서 전경색과 배경색을 바꿔준 후 [붓 도구(　)]를 클릭합니다. [옵션 바]에서 [붓 크기(　)]를 클릭하고 [크기]에 "30"을 입력합니다.

Chapter 11 • 루돌프 사슴과 선물 썰매 연결하기  71

❸ [옵션 바]에서 [불투명도]에 "50"을 입력한 후 군데 군데 칠해 줍니다.

❹ 붓 크기와 불투명도를 조절해가며 마음껏 눈을 만듭니다. [썰매문양] 레이어 눈을 클릭해 보이게 합니다. [파일]-[PSD로 저장]을 클릭한 후 [문서] 폴더의 본인의 이름 폴더에 "루돌프와 썰매_완성"으로 입력하고 저장합니다.

### 도전! 혼자서 해결해 볼께요!

 [경로]를 이용해서 생쥐가 치즈를 찾아가는 미로길을 만들어 보세요.

▲ 생쥐와치즈.psd

▲ 생쥐와치즈_완성.psd

**힌트** : 브러쉬 크기 (30 px), 색상 코드(fff56d)

1. 다음 포토피아 도구 모음 중에서 [붓 도구]는 무엇일까요?

① T    ② 지우개    ③ 페인트    ④ 붓

2. 다음 중 파일을 복사할 때 쓰는 단축키는 무엇일까요?

① Ctrl+V    ② Ctrl+A    ③ Ctrl+Z    ④ Ctrl+C

3. 스포이드 도구( )에 대한 설명으로 틀린것은?

① 색상 정보를 가져오고 싶은 곳을 클릭하면 그곳의 색상을 불러올 수 있습니다.

② 아무키도 누르지 않고 클릭하면 전경색으로 설정됩니다.

③ 흰색 부분의 정보는 불러올 수 없습니다.

④ Alt를 누르고 클릭하면 배경색으로 설정됩니다.

4. 다음 중 [새 레이어]를 만들 때 누르는 아이콘은 무엇일까요?

①     ②     ③     ④

> 정답은 144페이지에서 확인하세요.

## 화려하고 다양한 필터 알아보기
### [필터]-[액화]

원본 이미지

[액화]는 너무 웃기고 재미있어요!
아기 호랑이가 토끼도 되고, 다람쥐도 되고
하네요. 내 얼굴이나 친구 얼굴을 불러와서
가지고 놀면 시간가는 줄 모르겠어요!!!

# Chapter 13
## 깜빡이는 크리스마스 트리 장식하기

📁 불러올 파일 : 크리스마스트리.psd   📁 완성된 파일 : 크리스마스트리_완성.psd

- 레이어를 병합하고 이름 변경 방법을 알아보아요.
- 깜빡이는 효과의 gif 애니메이션 저장 방법을 알아보아요.

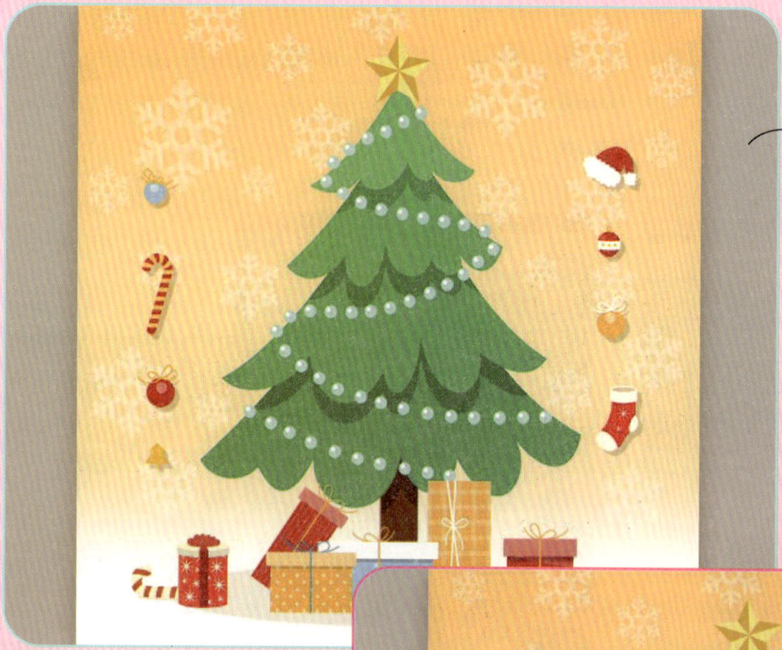

Before

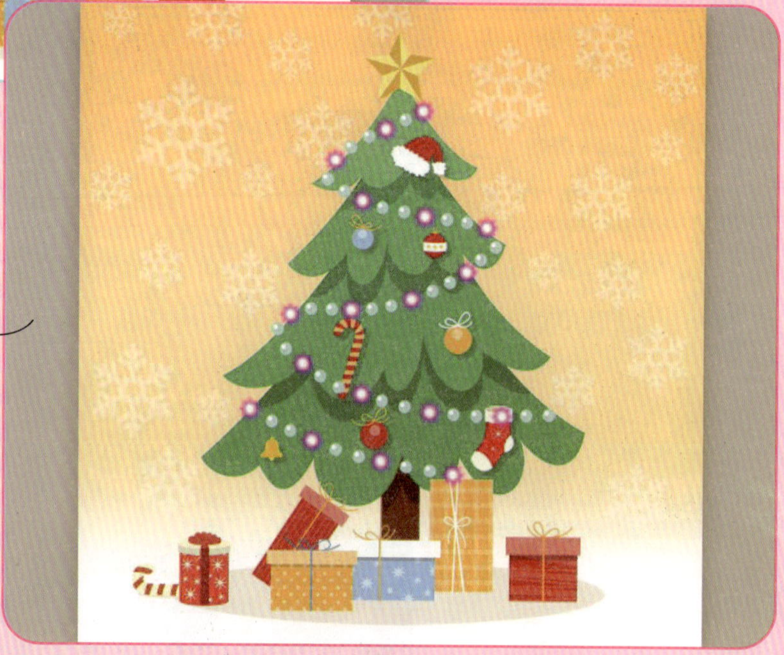

After

## 1 레이어 병합하고 이름 변경하기

❶ 인터넷 온라인 크롬에서 포토피아(photopea.com)로 이동 후 [크리스마스트리] 파일을 불러옵니다.

❷ [이동 도구(🖘)]를 선택한 후 [모자]부터 [노란종]까지 원하는 위치에 올려놓습니다.

Chapter 13 • 깜빡이는 크리스마스 트리 장식하기 77

❸ [모자] 레이어를 클릭한 후 Shift 를 누른 상태에서 [크리스마스트리] 레이어를 클릭해서 9개 레이어를 모두 선택합니다. 그런 다음 [레이어]-[레이어 병합]을 클릭합니다.

❹ 병합된 레이어의 이름 부분을 더블클릭해서 "크리스마스트리"로 이름을 변경해줍니다.

❺ [크리스마스트리] 레이어를 클릭하고 레이어 팔레트 하단의 [새 레이어(   )]로 드래그해서 [크리스마스트리] 레이어를 복사합니다. 같은 방법으로 총 4개의 레이어를 만듭니다.

❻ 복사된 레이어를 드래그해서 [ON-핑크등], [ON-노랑등], [ON-흰색등] 사이 사이에 끼워 넣고 가려진 눈을 클릭해 보이게 합니다.

Chapter 13 · 깜빡이는 크리스마스 트리 장식하기  **79**

❼ [ON-핑크등], [ON-노랑등], [ON-흰색등], [꺼진LED등]을 두개씩 차례대로 묶어서 병합합니다.

❽ 4개의 레이어가 완성됐습니다.

80  캐릭터 디자인으로 시작하는 똑똑한 컴퓨터 놀이

## ② gif 애니메이션으로 저장하기

❶ 4개의 레이어를 모두 선택합니다.

❷ [레이어]-[애니메이션]-[Make Frames]를 클릭합니다.

Chapter 13 · 깜빡이는 크리스마스 트리 장식하기

❸ 레이어 이름이 변경된 것이 확인되면 [파일]-[내보내기 형식]-[GIF]를 클릭합니다.

❹ [웹용으로 저장] 대화상자가 나타나면 [품질] "100%", [Speed] "50%"를 확인하고 [저장]을 클릭합니다.

82 캐릭터 디자인으로 시작하는 똑똑한 컴퓨터 놀이

**1** gif 애니메이션을 이용해 손 흔들고 기타치는 귀여운 캐릭터를 완성해 보세요.

▲ 손흔드는친구들.psd

▲ 손흔드는친구들_완성.psd

**힌트** : [파일]-[내보내기 형식]-[GIF]--->[웹용으로 저장] 대화상자에서 [품질(100%)], [Speed(70%)]

# Chapter 14

## 몬스터 생일초대장 만들기

📁 불러올 파일 : 생일초대장.psd    📁 완성된 파일 : 생일초대장_완성 .psd

**학습 내용**
- ◆ [사용자 정의 모양 도구] 사용 방법을 알아보아요.
- ◆ [뒤틀기]에 대해 알아보아요.

Before

After

## 1 케이크 촛불 꾸미기

① 인터넷 온라인 크롬에서 포토피아(photopea.com)로 이동 후 [생일초대장] 파일을 불러옵니다.

② 같은 방법으로 [초대장장식] 파일을 불러온 후 Ctrl+A를 눌러 모두 선택을 한 다음 Ctrl+C를 눌러 복사하고 [닫기(×)]를 클릭하여 [초대장장식] 파일을 닫습니다.

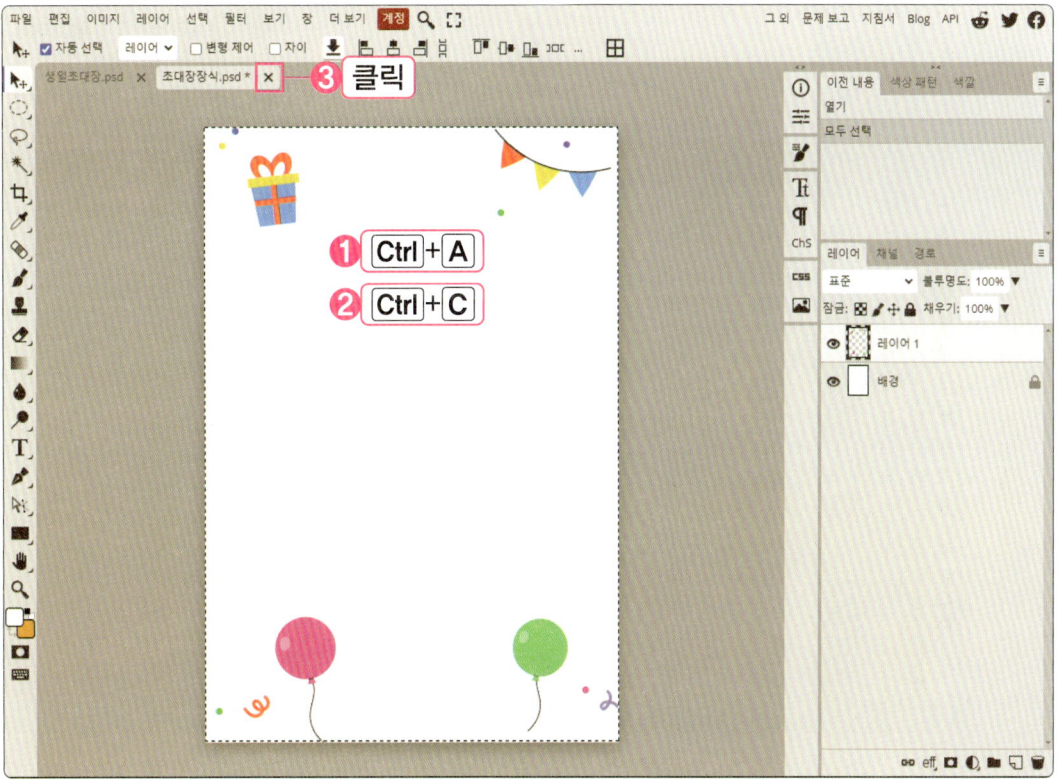

Chapter 14 · 몬스터 생일초대장 만들기

❸ [생일초대장] 파일에서 Ctrl+V를 눌러 붙여넣기를 합니다. 그런 다음 [사각형(■)]-[사용자 정의 모양(★)] 도구를 클릭합니다.

❹ [옵션 바]에서 [모양(★)]을 클릭한 후 [Shape(shapes)] 테마의 [heart(♥)]를 클릭한 다음 Enter를 누릅니다.

❺ 케이크의 가운데 초위에 Shift 를 누르고 드래그하여 그려 넣고 [모양1] 레이어를 더블클릭해 [색상 선택기]에서 원하는 색상(ff3e99)을 칠해줍니다.

[모양(★)]을 드래그해서 넣을 때 Shift + SpaceBar 를 누르면 정비례와 위치 이동까지 가능합니다.
※ Shift = 정비례, SpaceBar = 위치 이동

❻ [새 레이어(□)]를 클릭한 후 [레이어 2]를 만들고 도구 모음의 [사각형(■)]-[사용자 정의 모양(★)] 도구를 클릭합니다.

Chapter 14 · 몬스터 생일초대장 만들기 **87**

⑦ [옵션 바]에서 [모양(♥)]을 클릭한 후 [Shape(shapes)] 테마의 [star(★)]를 클릭합니다.

⑧ 케이크의 가장 좌측 초위에 Shift+SpaceBar를 누르고 드래그하여 그려 넣은 후 [모양2] 레이어를 더블클릭해서 원하는 색상(3ee6ff)을 칠해줍니다.

⑨ 별 모양 4개를 모두 그려 넣습니다.

## ② 생일 파티 초대장 텍스트 꾸미기

❶ 도구 모음의 [문자 도구(T)]를 클릭 한 후 [옵션 바]에서 'Noto Sans KR', 'Black', '80px'를 지정한 다음 [색상 코드]에 "0079ff"를 입력하고 [확인]을 클릭합니다.

❷ 빈 공간에 드래그하여 텍스트 박스를 만든 후 "생일 파티 초대장"이라는 문구를 입력합니다. [옵션 바]에서 [뒤틀기]를 클릭한 후 [포물선]-[굽히기]에 "25%"를 입력하고 [확인]을 클릭합니다.

Chapter 14 • 몬스터 생일초대장 만들기  **89**

❸ 같은 방법으로 또 다른 텍스트 박스를 만들어 그림과 같이 안내 문구를 입력하여 꾸며줍니다.

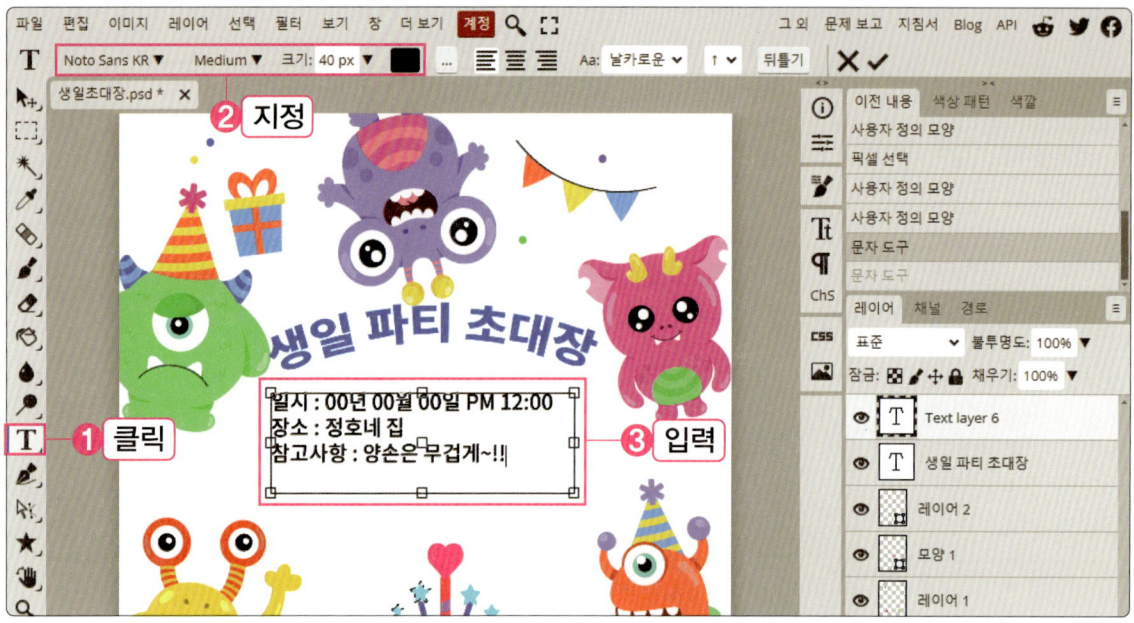

❹ 생일 파티 초대장이 완성되었습니다. [파일]-[PSD로 저장]을 클릭한 후 [문서] 폴더의 본인의 이름 폴더에 "생일초대장_완성"으로 입력하고 저장합니다.

## 도전! 혼자서 해결해 볼께요!

**1** 문자 도구를 이용해 '렉스 초등학교의 [댄스데이]' 포스터를 완성해 보세요.

▲ 댄스데이.psd

▲ 댄스데이_완성.psd

Chapter 14 · 몬스터 생일초대장 만들기

# Chapter 15
## 동물의 왕 사자 가족사진 만들기

📄 불러올 파일 : 사자가족사진.psd   📄 완성된 파일 : 사자가족사진_완성.psd

- 자유 변형과 레벨 조정에 대해 알아보아요.
- 배경을 삽입하고 흐림 효과를 적용해 보아요.

Before

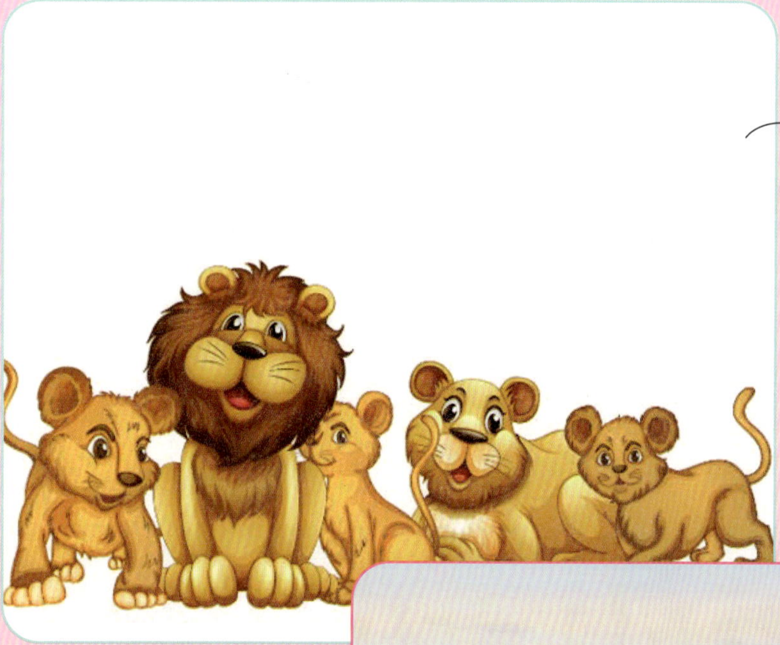

After

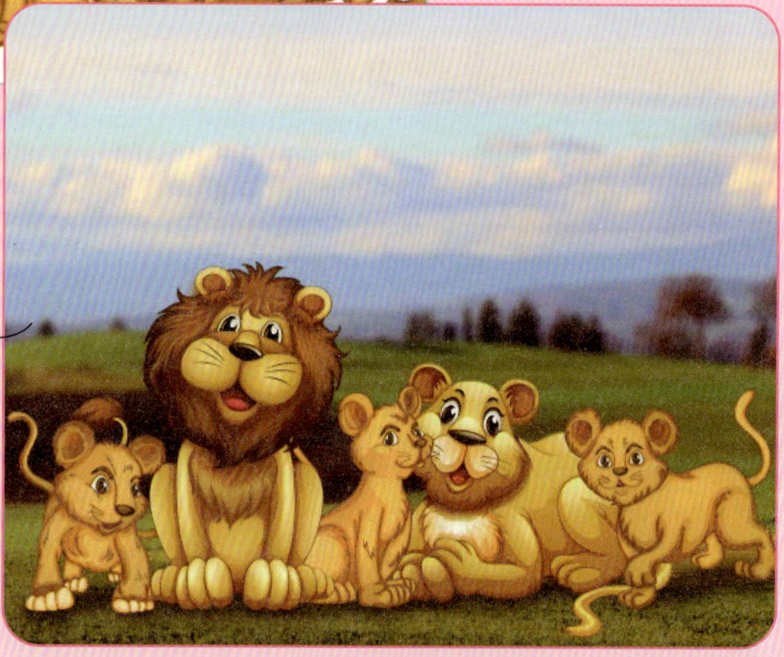

# 1 자유변형으로 크기와 위치 바꾸고 레벨 조정하기

① 인터넷 온라인 크롬에서 포토피아(photopea.com)로 이동 후 [사자가족사진] 파일을 불러옵니다.

② 아기사자2의 꼬리가 엄마사자 눈을 찌를 것 같아 좌우를 바꿔봅니다. [아기사자2] 레이어를 선택하고 [편집]-[변형]-[가로로 뒤집기]를 클릭합니다.

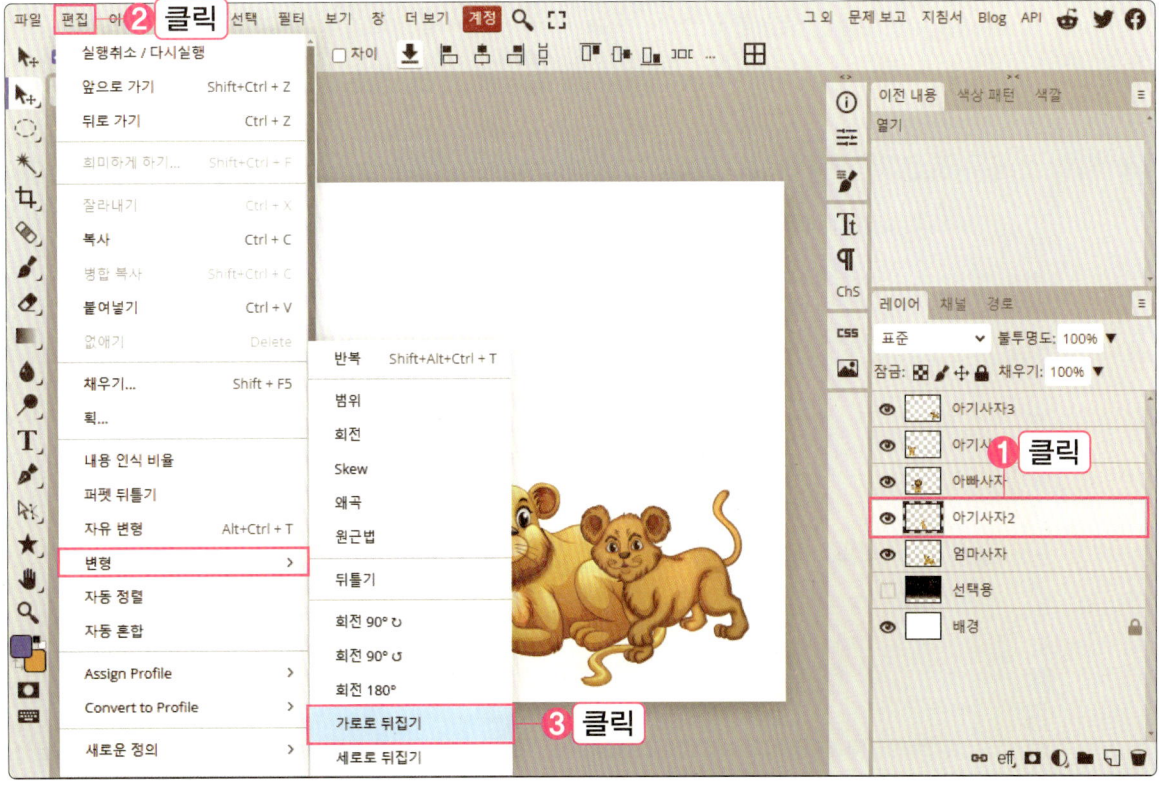

Chapter 15 · 동물의 왕 사자 가족사진 만들기   93

❸ 이번에는 [아기사자1] 레이어를 선택하고 [편집]-[자유 변형]을 선택한 후 Shift 를 누른 상태에서 크기 조절점(▫)을 드래그하여 크기를 조절합니다.

❹ 이번에는 [아기사자3] 레이어를 선택하고 [이미지]-[조정]-[레벨]을 클릭합니다. [레벨] 대화상자가 나타나면 밝은색 수치에 "236"을 입력하고 확인을 클릭합니다.

[레벨]이란 이미지의 밝고 어두움을 조절해 줄 수 있는 장치입니다.

❺ 자연스러운 포즈가 완성되었습니다.

## ❷ 배경이미지 삽입하고 흐림 효과 주기

❶ 배경을 삽입하기위해 [배경] 레이어를 선택하고 [Gallery 🖼] 팔레트를 클릭한 후 [Gallery] 탭 [Keywords]에 "초원"을 입력한 다음 원하는 이미지를 선택합니다. 다시 [Gallery 🖼] 팔레트를 클릭해 창을 나갑니다.

❷ Shift 를 누른 상태로 크기를 조절한 다음 그림과 같이 배치합니다. 배경을 뿌옇게 처리하기 위해 [선택용] 레이어를 Ctrl 을 누른 상태에서 클릭한 후 [필터]-[흐리게]-[가우스 흐림 효과]를 클릭합니다.

❸ [가우스 흐림 효과] 대화상자가 나타나면 [반지름]에 "5"를 입력한 후 [확인]을 클릭합니다.

❹ [새 레이어(□)]를 만들어 "그림자"로 입력하고 사자 가족 아래 부분에 브러쉬 도구로 부드럽게 색칠해서 그림자를 완성합니다. 완성된 그림은 '사자가족사진_완성'으로 저장합니다.

 배경이 투명한 스튜디오사진에 여행 이미지를 삽입해 보세요.

▲ 스튜디오사진.psd

▲ 스튜디오사진_완성.psd

**힌트 : 배경 이미지 삽입 방법**
[Gallery] --> Gallery 대화상자의 Keywords에 "유럽" 입력

# Chapter 16

## 우리 아빠 수염색 바꾸기

📄 불러올 파일 : 아빠수염.psd    📄 완성된 파일 : 아빠수염_완성.psd

◆ 색조/채도로 색상 변경 방법에 대해 알아보아요.
◆ 마법 지팡이 도구에 대해 알아보아요.

Before

After

98  캐릭터 디자인으로 시작하는 똑똑한 컴퓨터 놀이

## 1 어울리는 수염을 골라 색조/채도로 색 바꿔보기

❶ 인터넷 온라인 크롬에서 포토피아(photopea.com)로 이동 후 [아빠수염] 파일을 불러옵니다. 아빠가 수염을 기르면 어떤 모습인지 시뮬레이션을 해 보려합니다.

❷ 우선 [수염1], [수염2], [수염3]의 눈을 켜거나 가려서 어떤 수염이 어울리는지 알아봅니다.

Chapter 16 • 우리 아빠 수염색 바꾸기   99

❸ [수염1] 레이어의 눈을 클릭해 보이게한 후 [수염1] 레이어를 선택합니다. [이미지]-[조정]-[색조/채도]를 클릭합니다.

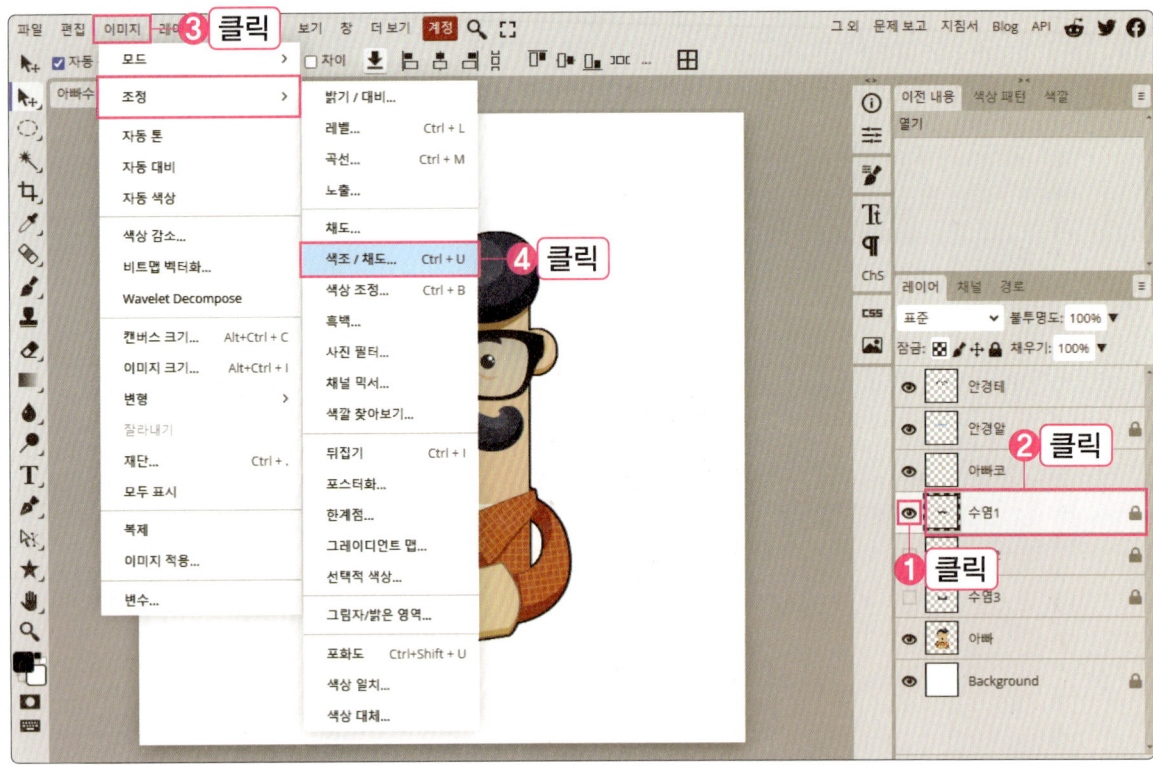

❹ 색조/채도 대화상자가 나타나면 [색조]에 "180"을 입력하고 [포화도]에 "50"을 입력한 후 [확인]을 클릭합니다.

## ② 마법 지팡이 도구를 이용한 선택 영역 만들기

❶ [아빠] 레이어를 클릭해 선택합니다. [마법 지팡이( ✦ )] 도구를 선택하고 [옵션 바]에서 [여유도]에 "16"을 입력합니다. 머리카락의 밝은 부분을 클릭해 선택을 만든 후 나머지 구간도 Shift 를 누른 상태로 클릭합니다.

❷ 머리카락이 모두 선택되었습니다.

> 마법 지팡이 도구로 선택을 만든 후 Shift 를 누르고 추가할 부분을 클릭하면 선택이 추가되고 Alt 를 누르고 지워야할 부분을 클릭하면 해당 부분이 선택에서 제외됩니다.

❸ [이미지]-[조정]-[색조/채도]를 클릭합니다. [색조/채도] 대화상자가 나타나면 [색조]에 "180"을 입력하고 [포화도]에 "50"을 입력한 후 [확인]을 클릭합니다.

❹ 멋진 수염의 아빠가 완성됐습니다. 완성된 그림을 '아빠수염_완성'으로 저장합니다.

# 도전! 혼자서 해결해 볼께요!

**1** 색조/채도를 이용해 변장용 수염 모음을 칼라풀하게 조정해 보세요.

▲ 수염모음.psd

▲ 수염모음_완성.psd

힌트 : [이미지]-[조정]-[색조/채도]

Chapter 16 • 우리 아빠 수염색 바꾸기

# Chapter 17

## 세계지도 완성하기

📁 불러올 파일 : 세계지도.psd   📁 완성된 파일 : 세계지도_완성.psd

◆ 마우스로 선 긋기와 레이어 불투명도 조절을 알아보아요.
◆ 5대양 6대주를 입력해 보아요.

104 캐릭터 디자인으로 시작하는 똑똑한 컴퓨터 놀이

# 1 마우스로 검정색 선을 그려보고 불투명도 조절하기

① 인터넷 온라인 크롬에서 포토피아(photopea.com)로 이동 후 [세계지도] 파일을 불러옵니다.

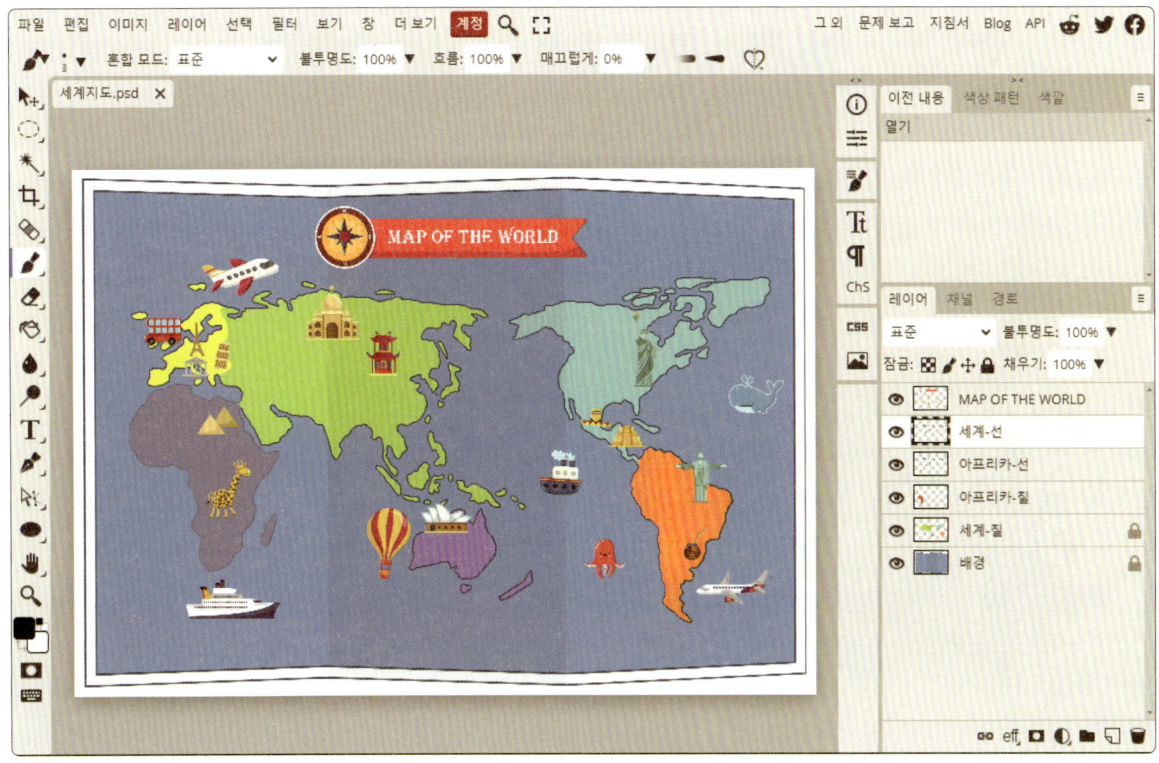

② 아프리카 대륙이 물에 잠겼네요~ 우리가 그림을 잘 그려서 되살려 줘야겠어요! 우선 [확대/축소 도구( 🔍 )]를 선택한 후 아시아와 아프리카가 만나는 지점을 확대한 다음 그림처럼 이동합니다. [붓 도구( 🖌 )]를 선택한 후 [붓 크기( ▼ )]를 클릭해 [크기]에 "3"을 입력합니다.

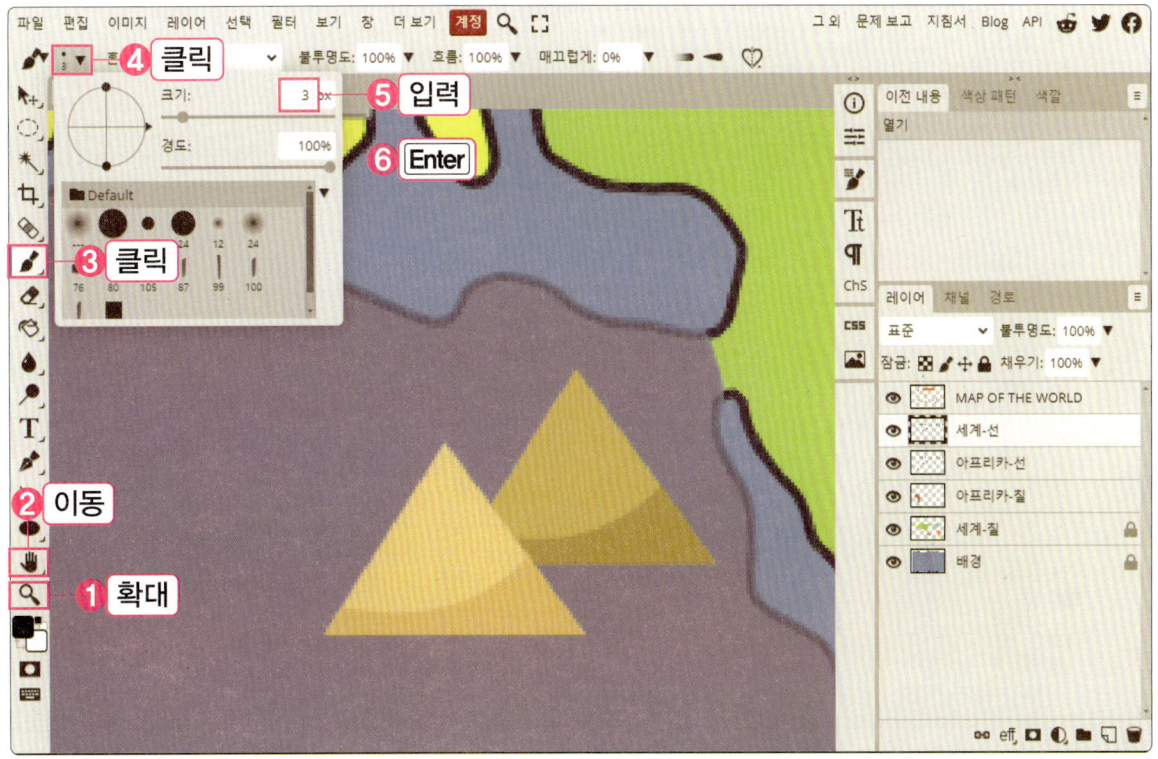

Chapter 17 · 세계지도 완성하기  105

❸ [세계-선] 레이어를 선택한 후 [전경색]을 검정색으로 설정한 다음 흐릿한 선을 따라 마우스로 차분하게 완성합니다.

❹ [아프리카-칠] 레이어를 선택하고 [불투명도]에 "100"을 입력합니다. 아프리카 대륙이 살아났네요!!!

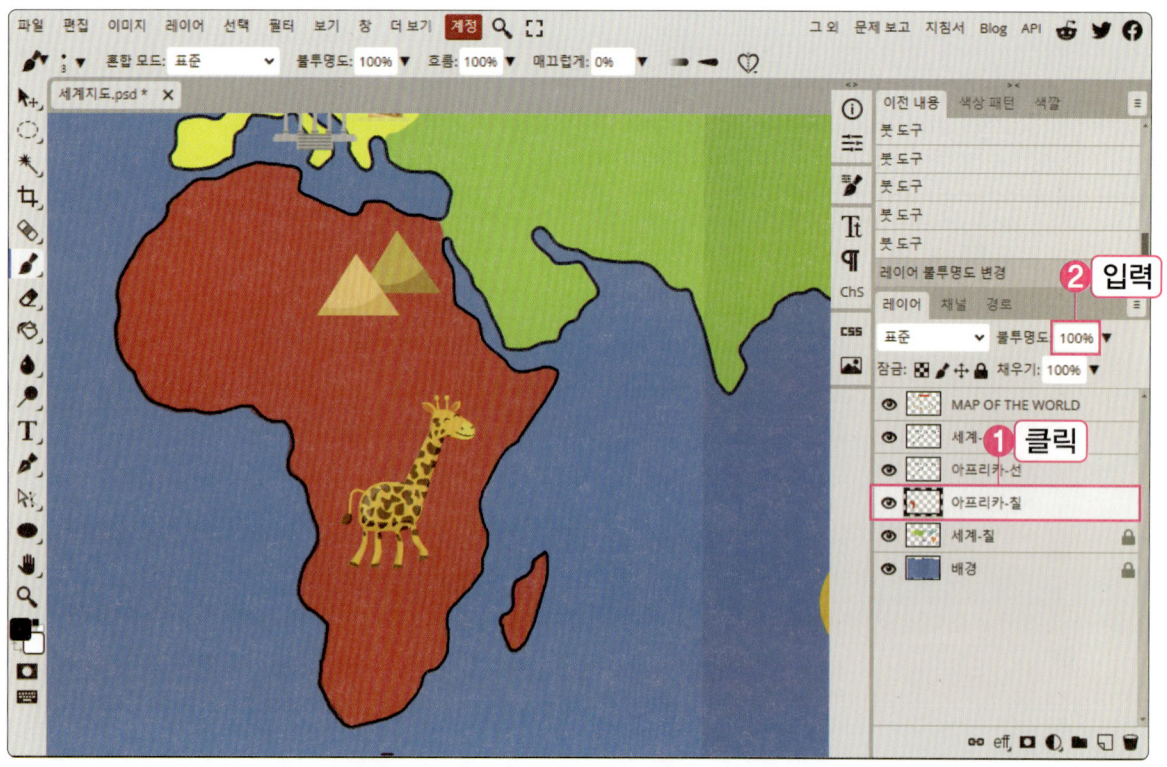

## ② 5대양 6대주 텍스트를 입력하기

❶ [문자 도구(T)]를 클릭한 후 'Noto Sans KR', 'Bold', '50px', '검정'을 지정하고 텍스트는 "태평양"으로 입력합니다.

❷ 같은 방법으로 '인도양', '대서양', '북극해', '남극해'를 모두 입력해 5대양을 완성합니다.

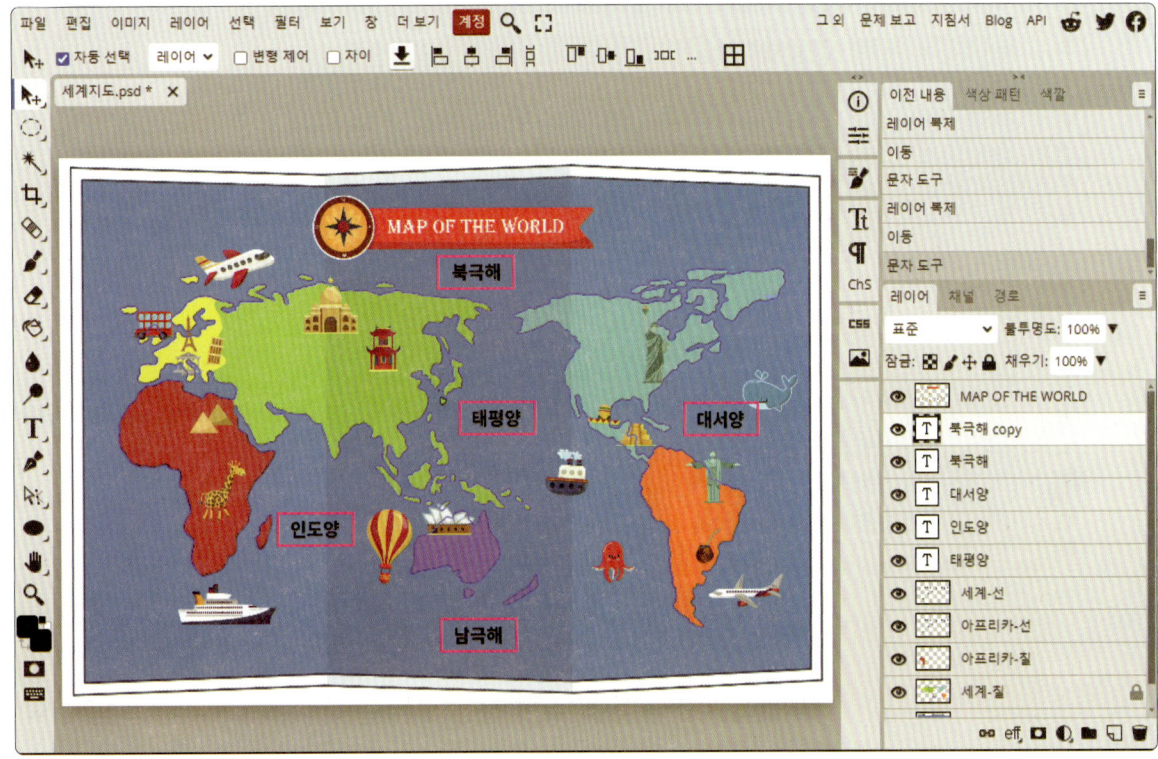

Chapter 17 · 세계지도 완성하기  **107**

❸ 다시 [문자 도구( T )]를 클릭한 후 'Noto Sans KR', 'Bold', '40px', '흰색'을 지정하고 텍스트는 "아시아"로 입력합니다.

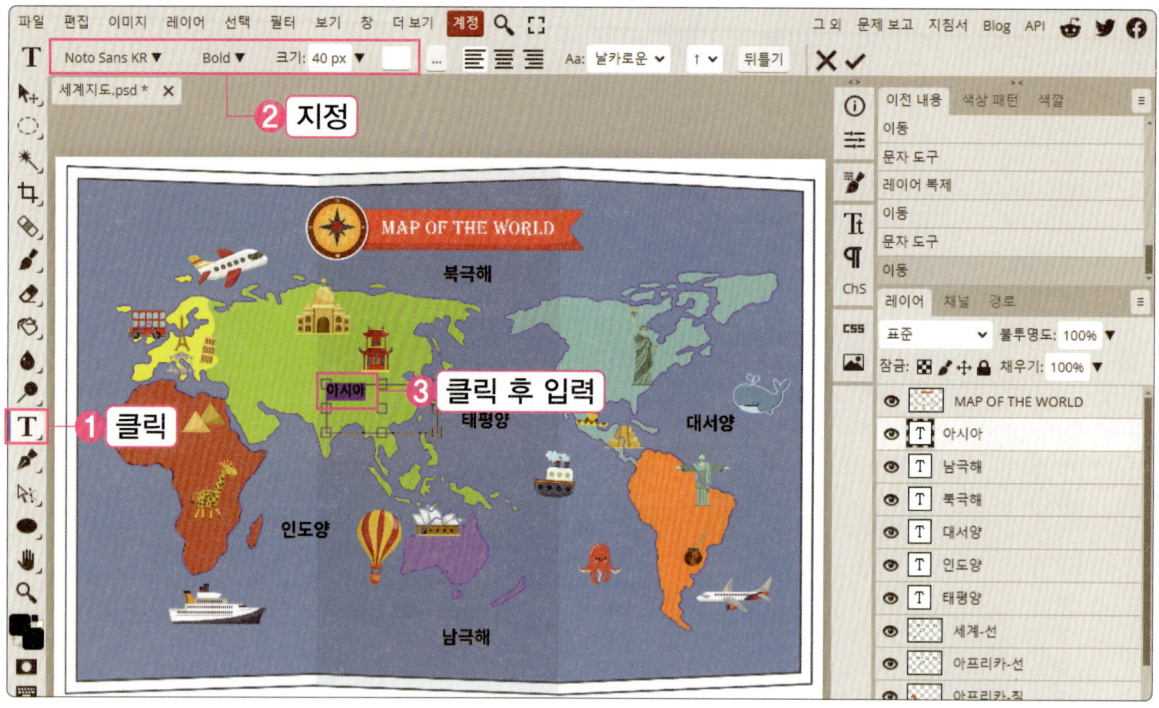

❹ 같은 방법으로 '유럽', '아프리카', '오세아니아', '북아메리카', '남아메리카'를 모두 입력해 6대주를 완성합니다. 완성된 그림을 '세계지도_완성'으로 저장합니다.

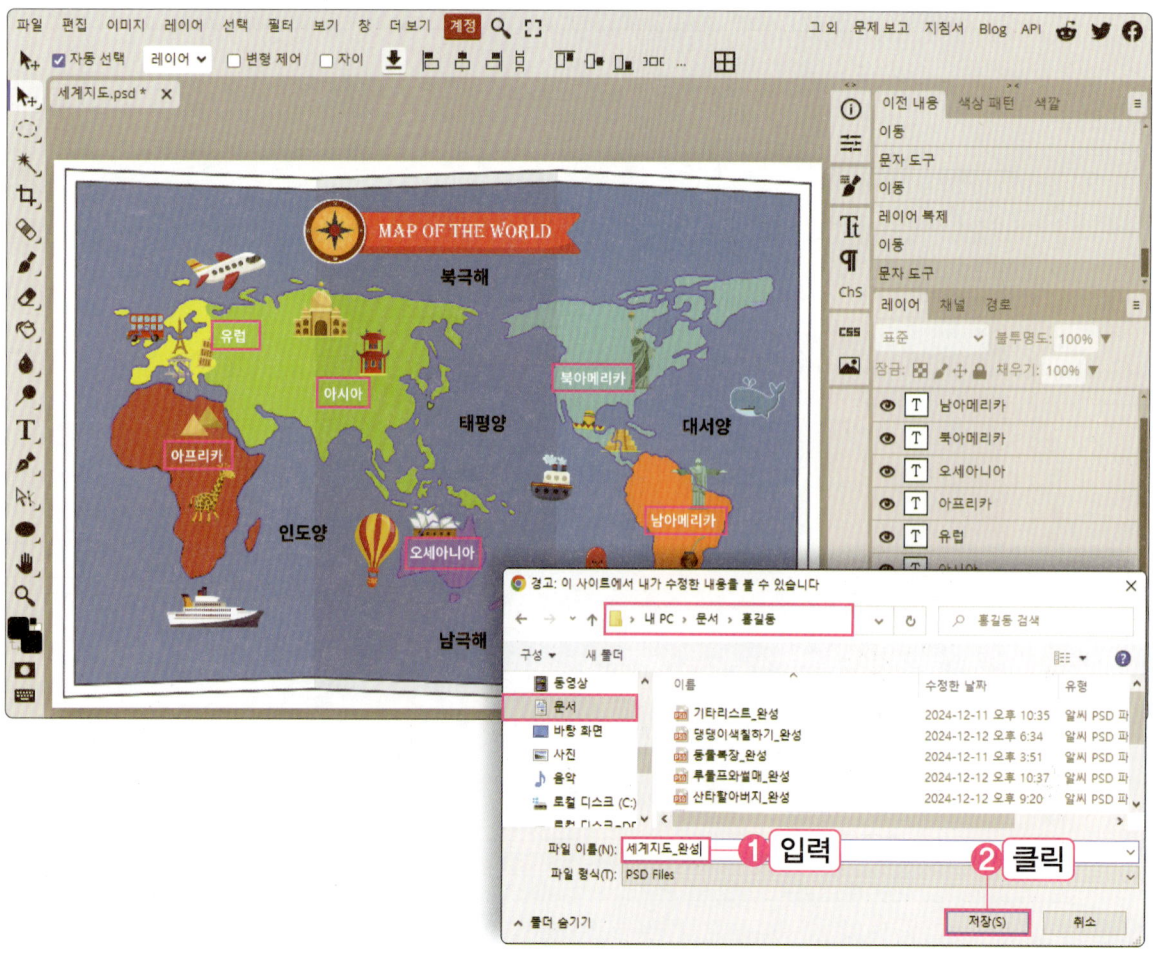

108 캐릭터 디자인으로 시작하는 똑똑한 컴퓨터 놀이

 대한민국 땅인 독도가 흐릿하네요! 먹선으로 외곽을 그려주고 색도 진하게 해주세요!

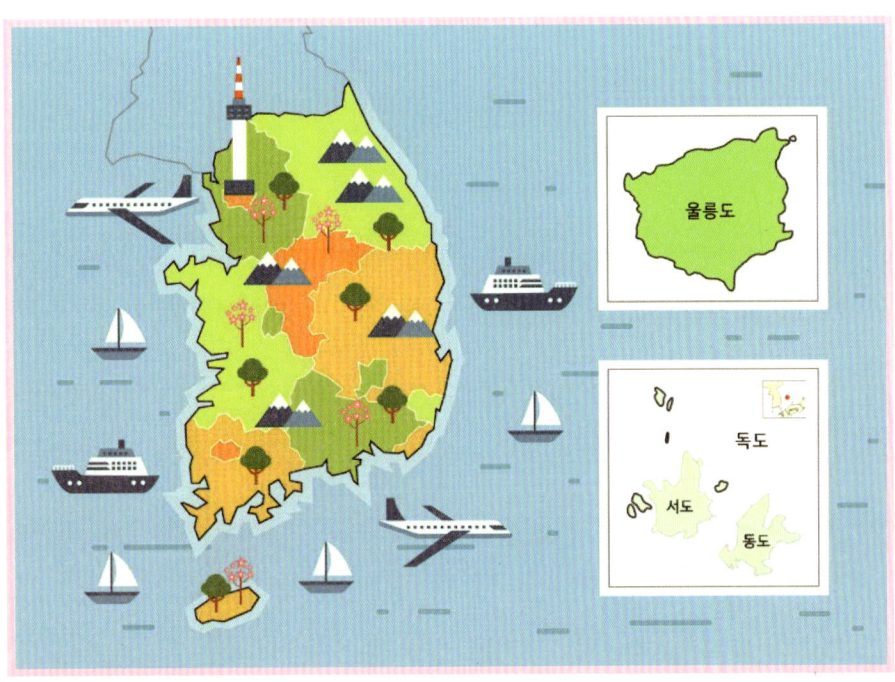

▲ 대한민국지도.psd

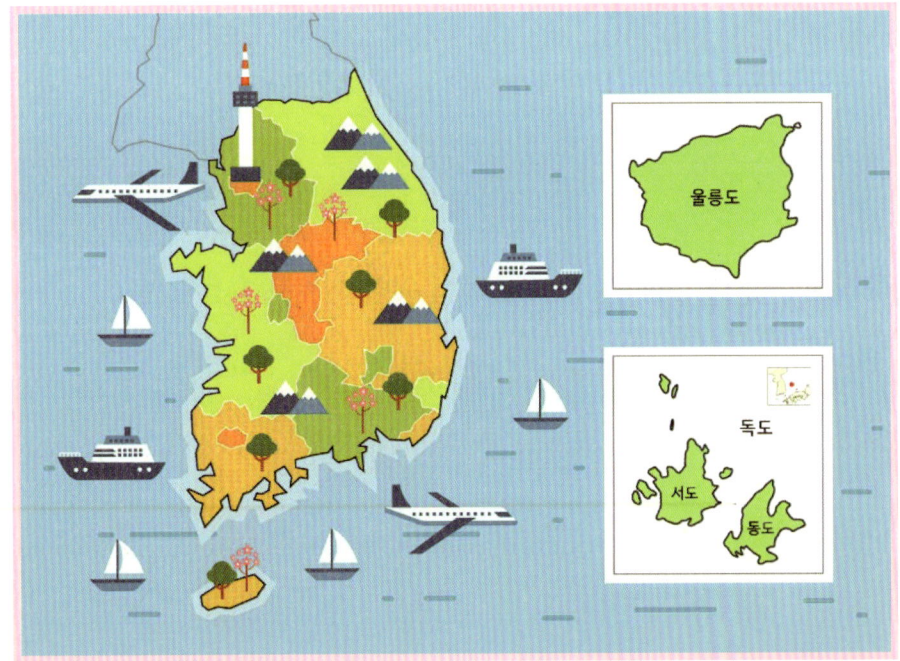

▲ 대한민국지도_완성.psd

1. 레이어 여러개를 다중 선택할 때 쓰는 단축키는 무엇일까요?

① Ctrl　　　② Shift　　　③ Alt　　　④ Delete

2. 넓은 공간을 간편하게 선택으로 만들 수 있는 도구는 무엇일까요?

① 스포이드　　② 올가미 선택　　③ 복제 도구　　④ 마법 지팡이

3. 작업 공간의 크기가 부족할 때 종이 크기를 늘릴 수 있는 메뉴는 무엇일까요?

① [이미지]-[이미지 크기]　　② [이미지]-[캔버스 크기]
③ [레이어]-[새로 만들기]-[레이어]　　④ [레이어]-[이미지 병합]

4. 입체 글자를 만들기 위해 [레이어 스타일]에서 어떤 메뉴를 사용할까요?

① 내부광선　　② 새틴
③ 경사와 엠보스　　④ 외부광선

정답은 144페이지에서 확인하세요.

## 화려하고 다양한 필터 알아보기

### [필터]-[흐림 갤러리]

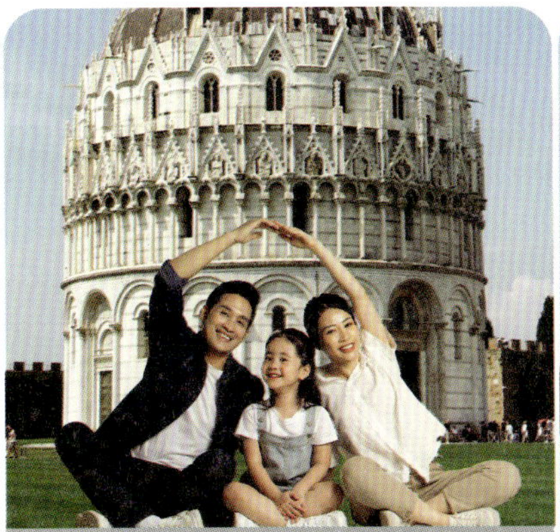

| 원본 이미지 | [아이리스 블러] 설정 상태 | [아이리스 블러] 완성 |
| --- | --- | --- |
| 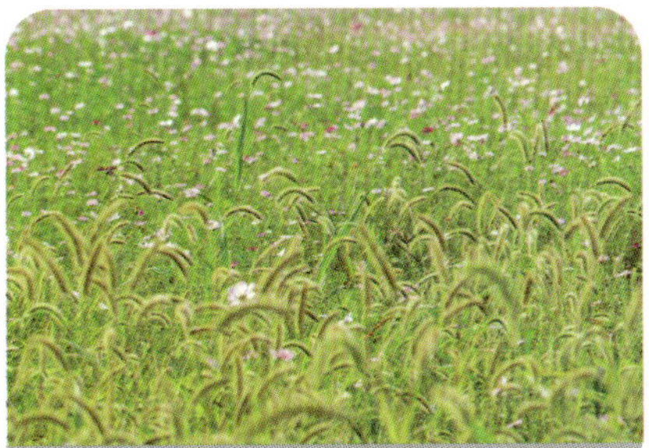 원본 이미지 | [Tilt-Shift] 설정 상태 | [Tilt-Shift] 완성 |
| 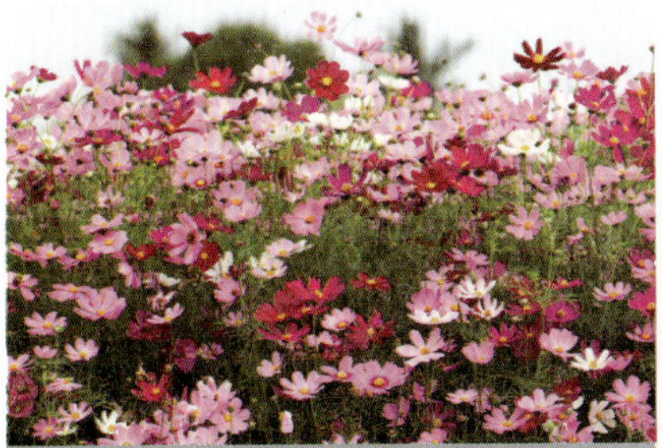 원본 이미지 | [Path Blur] 설정 상태 | [Path Blur] 완성 |
| 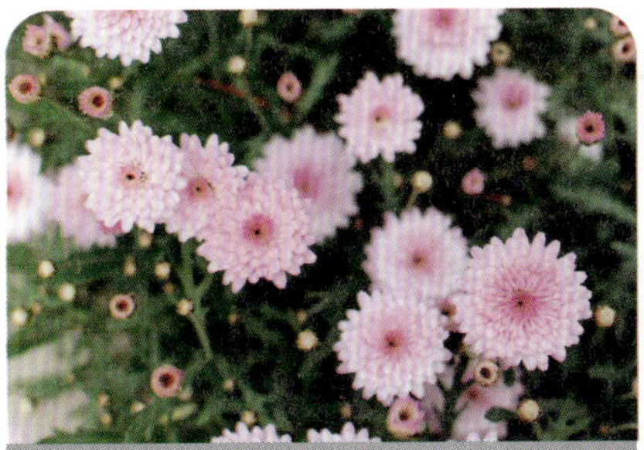 원본 이미지 | [Spin Blur] 설정 상태 | [Spin Blur] 완성 |

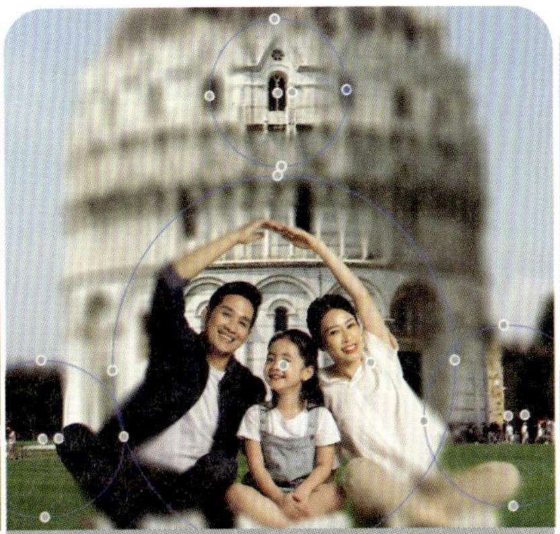

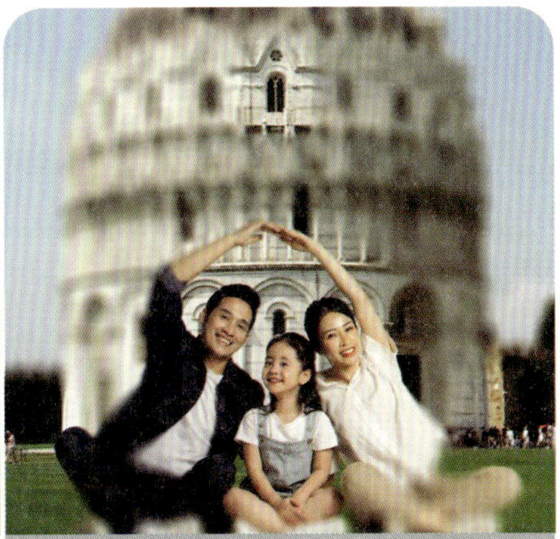

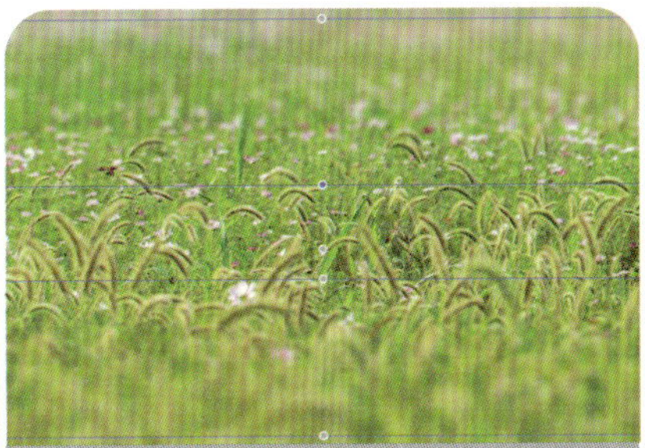

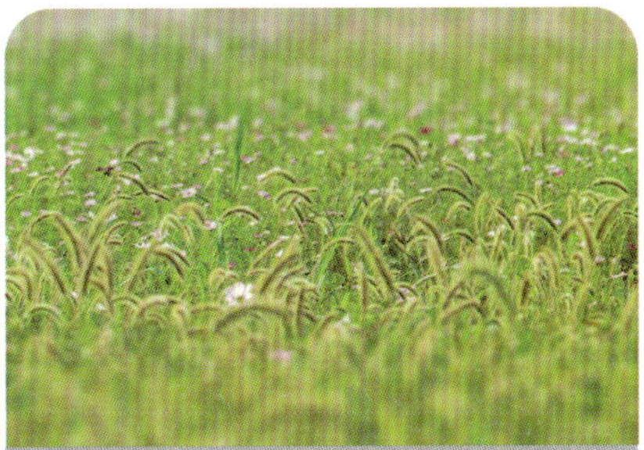

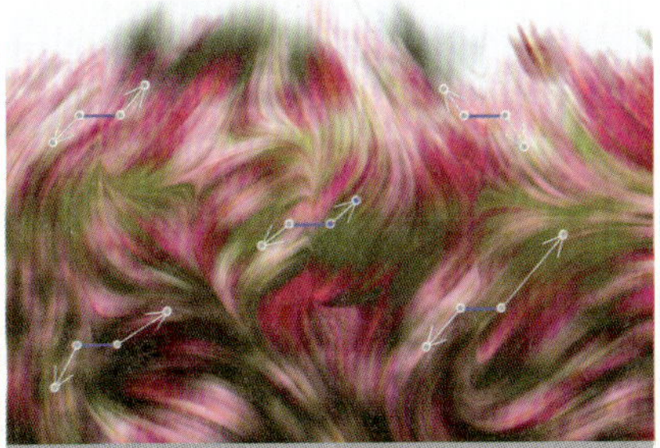

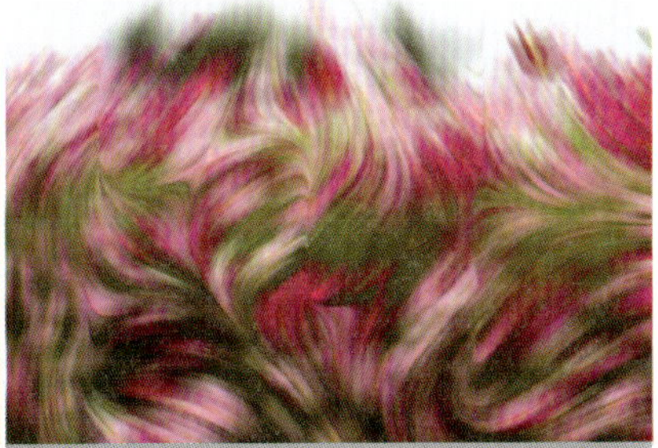

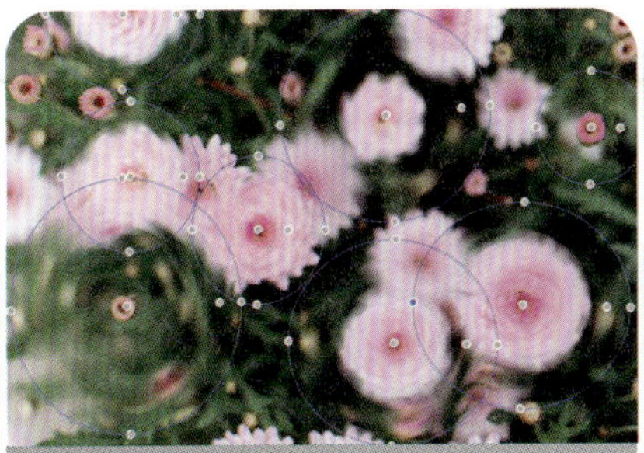

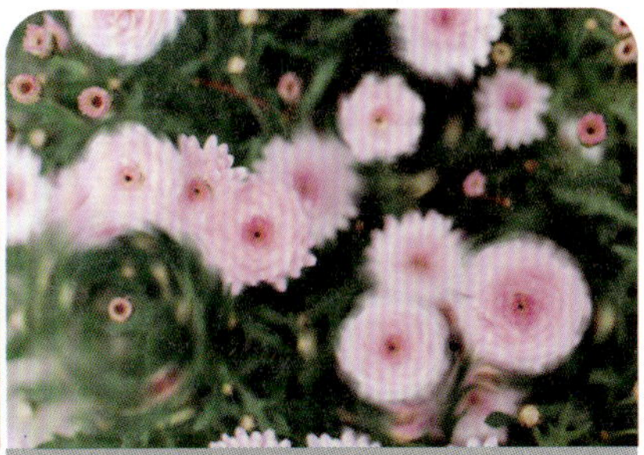

# Chapter 19
## 엄마 표정 변화 연구 보고서 작성하기

📂 불러올 파일 : 엄마표정.psd    📂 완성된 파일 : 엄마표정_완성.psd

♦ 정렬 기능으로 이미지를 예쁘게 정돈해 보아요.
♦ 이미지 안에 제목을 꾸며보아요.

112    캐릭터 디자인으로 시작하는 똑똑한 컴퓨터 놀이

# 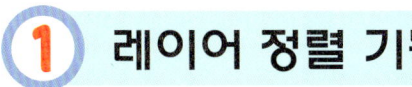 레이어 정렬 기능 알아보기

① 인터넷 온라인 크롬에서 포토피아(photopea.com)로 이동 후 [엄마표정] 파일을 불러옵니다.

② 제일 윗줄 흩어져있는 엄마 얼굴들을 정렬하려 합니다. [이동 도구(  )]를 선택합니다. [엄마5] 레이어를 클릭한 후 Shift 를 누른 상태에서 [엄마그룹1]을 클릭해 두 레이어를 다중 선택합니다. 레이어 [옵션 바]에서 [오른쪽 모서리 정렬( )]을 클릭해 오른쪽으로 정렬해줍니다.

Chapter 19 • 엄마 표정 변화 연구 보고서 작성하기

❸ [엄마1] 레이어를 클릭하고 Shift를 누른 상태에서 [엄마5] 레이어를 클릭해 다섯개의 레이어를 다중 선택합니다. [옵션 바]에서 [아랫쪽 모서리 정렬(▫▪)]을 클릭합니다.

❹ 다섯개의 레이어가 모두 아래쪽으로 정렬되었습니다.

114 캐릭터 디자인으로 시작하는 똑똑한 컴퓨터 놀이

❺ 다시 [엄마1] 레이어를 클릭하고 Shift 를 누른 상태에서 [엄마5] 레이어를 클릭해 다섯개의 레이어를 다중 선택합니다. [옵션 바]에서 [균등 간격(┻)]을 클릭합니다.

❻ 다섯개의 레이어가 모두 같은 간격으로 정렬되었습니다.

Chapter 19 • 엄마 표정 변화 연구 보고서 작성하기

## ❷ 제목 꾸며보기

❶ [새 레이어(□)]를 클릭해 [레이어 1]을 만든 후 [붓 도구(✏)]를 선택한 다음 [붓 크기(●▼)]를 클릭해 [크기]를 "10"으로 입력합니다.

❷ [색상 코드]는 'ff0000'을 지정한 후 [붓 도구]로 빨간색 'V'를 만든 다음 [문자 도구(T)]를 선택해 "우리"라고 입력합니다.

❸ 완성된 그림을 '엄마표정_완성'으로 저장합니다.

# 도전! 혼자서 해결해 볼께요!

**1** [정렬]과 [균등 간격]을 이용해 제 각각 흩어져 있는 도너츠를 정돈해서 내가 좋아하는 순으로 배열해 보세요.

▲ 도너츠.psd

▲ 도너츠_완성.psd

Chapter 19 · 엄마 표정 변화 연구 보고서 작성하기

# Chapter 20
## 곰돌이 경찰복 입어보기

📄 불러올 파일 : 곰돌이.psd   📄 완성된 파일 : 곰돌이_완성.psd

**학습내용**
- ◆ 자유 변형 기능을 알아보아요.
- ◆ 자유 변형 단축키를 알아보아요.

Before

After

118 캐릭터 디자인으로 시작하는 똑똑한 컴퓨터 놀이

## ① 자유 변형으로 크기 조절하기

① 인터넷 온라인 크롬에서 포토피아(photopea.com)로 이동 후 [곰돌이] 파일을 불러옵니다. [파일]-[열기]를 클릭한 후 [경찰복_반바지]를 선택하고 [열기]를 클릭합니다.

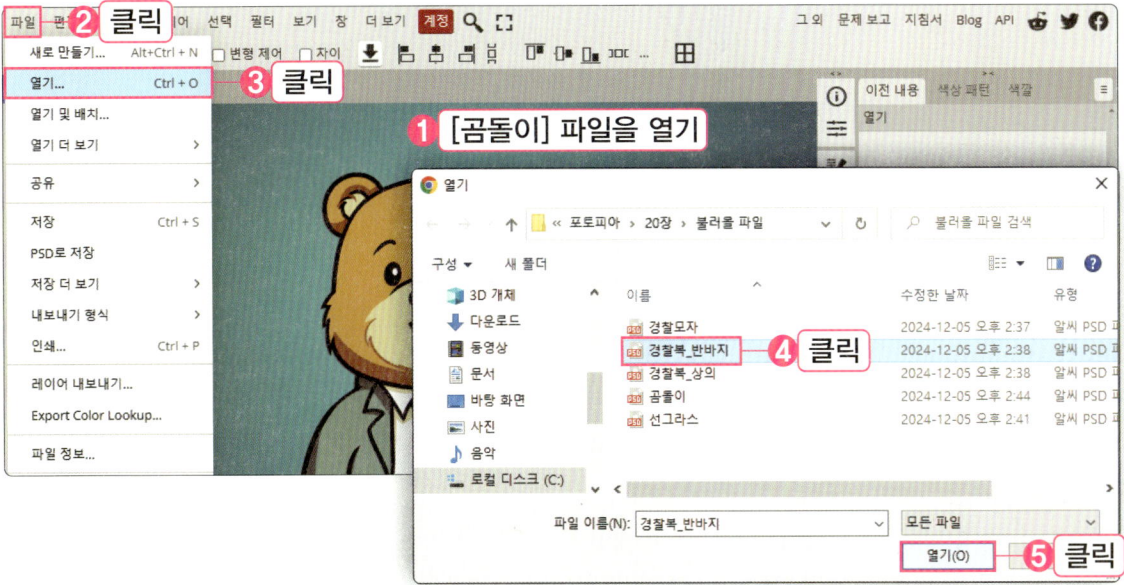

② 파일이 열리면 Ctrl+A를 눌러 모두 선택을 한 후 Ctrl+C를 눌러 복사합니다.

③ [곰돌이.psd] 파일을 선택하고 Ctrl+V를 눌러 붙여넣기를 합니다.

Chapter 20 • 곰돌이 경찰복 입어보기

❹ [편집]-[자유 변형]을 클릭한 후 몸에 맞게 반바지를 조절한 다음 Enter를 누릅니다.

❺ 다시 [파일]-[열기] 메뉴를 클릭한 후 [열기] 대화상자에서 [경찰복_상의] 파일을 선택하여 열고 Ctrl + A를 눌러 모두 선택한 후 Ctrl + C를 눌러 복사합니다.

❻ [곰돌이.psd] 파일을 선택한 후 Ctrl + V를 눌러 붙여넣기를 합니다. Alt + Ctrl + T(자유 변형)를 누른 후 크기 조절 및 회전으로 몸에 맞춘 다음 Enter를 누릅니다.

⑦ [선글라스] 파일을 열고 Ctrl+A를 눌러 모두 선택을 한 후 Ctrl+C를 눌러 복사합니다.

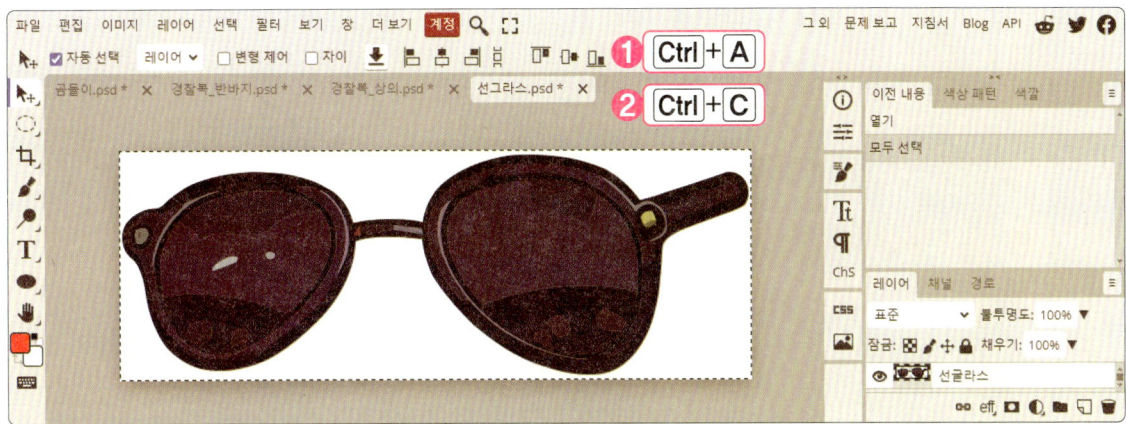

⑧ [곰돌이.psd] 파일을 선택한 후 Ctrl+V를 눌러 붙여넣기를 합니다. Alt+Ctrl+T(자유 변형)를 누른 후 크기 조절 및 회전으로 얼굴에 맞춘 다음 Enter를 누릅니다.

Shift를 누르고 조절바를 움직이면 정비례로 조절되고 아무키도 누르지 않고 조절하면 가로, 세로 마음대로 조절이 가능하답니다~

⑨ [경찰모자] 파일을 열고 Ctrl+A를 눌러 모두 선택을 한 후 Ctrl+C를 눌러 복사합니다.

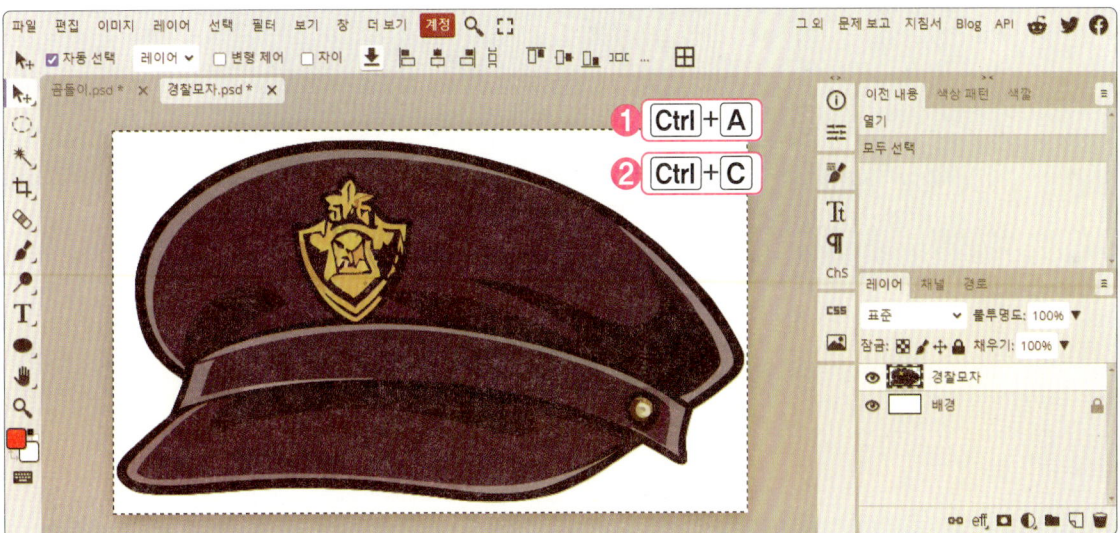

⑩ [곰돌이.psd] 파일을 선택한 후 Ctrl+V를 눌러 붙여넣기를 합니다. Alt+Ctrl+T(자유 변형)를 누른 후 크기 조절 및 회전으로 얼굴에 맞춘 다음 Enter를 누릅니다.

⑪ 경찰복 입은 곰돌이가 완성되었습니다. '곰돌이_완성'으로 저장합니다.

 [자유 변형]을 이용해 그림을 완성해 보세요.

▲ 파란자동차.psd

▲ 파란자동차_완성.psd

**불러올 파일** : 문제_파란자동차, 문제_타이어, 문제_기린, 문제_선글라스, 문제_하트말풍선

Chapter 20 • 곰돌이 경찰복 입어보기

# Chapter 21
# 친구의 생일 케이크 장식하기

📁 불러올 파일 : 생일케이크.psd   📁 완성된 파일 : 생일케이크_완성.psd

**학습내용**
- ◆ 단어를 휘어지게 하는 방법을 알아보아요.
- ◆ 입체 글자 만드는 방법을 알아보아요.

Before

After

124  캐릭터 디자인으로 시작하는 똑똑한 컴퓨터 놀이

# ① 입체 글자 만들기

① 인터넷 온라인 크롬에서 포토피아(photopea.com)로 이동 후 [생일케이크] 파일을 불러옵니다.

② [문자 도구(T)]를 클릭한 후 [옵션 바]에서 'Noto San KR', 'Black', [크기]에 '120p', [색상 코드]는 'fffa52'를 지정한 다음 빈 공간을 드래그해 "HAPPY"를 입력합니다.

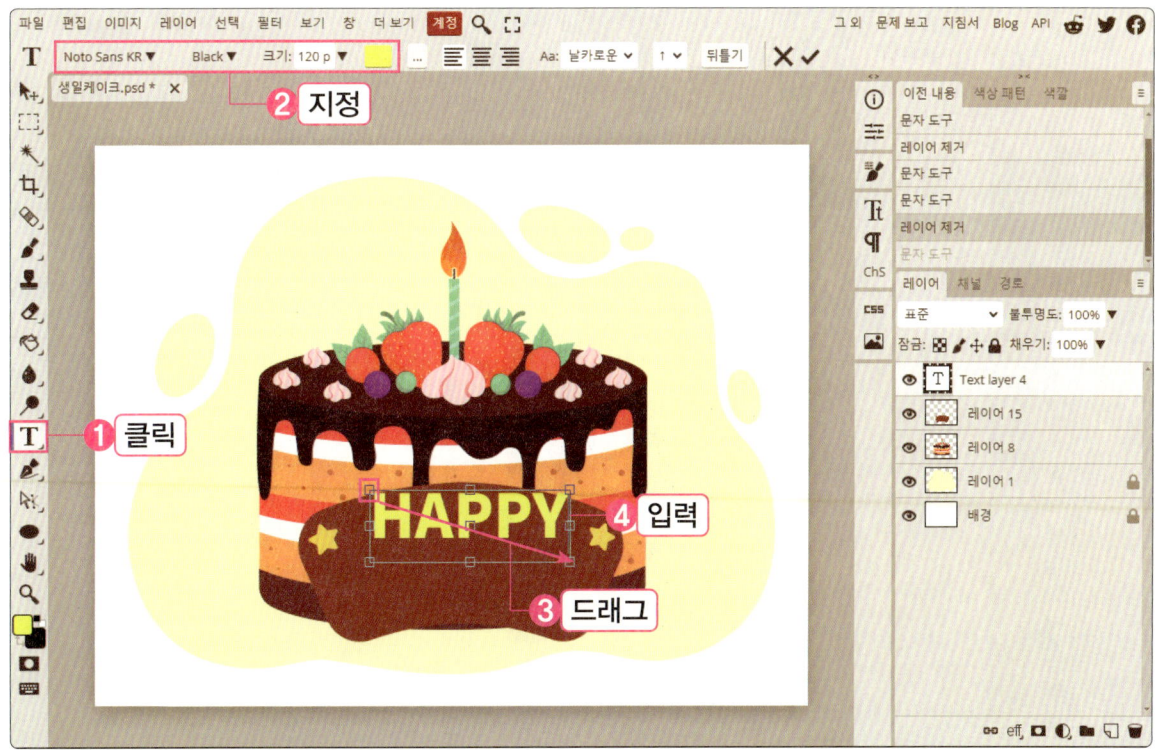

Chapter 21 • 친구의 생일 케이크 장식하기

❸ [옵션 바]에서 [뒤틀기]를 클릭한 후 [뒤틀기] 대화상자가 나타나면 [스타일]에 '포물선'을 선택한 다음 [굽히기]에 "18%"를 입력하고 확인을 클릭합니다. 'BIRTHDAY'는 'Noto San KR', 'Black', [크기]에 '90p', [색상 코드]는 'fffa52'를 지정한 후 같은 방법으로 작업합니다.

❹ 입체 글자를 만들기위해 [레이어 스타일(eff.)]을 클릭한 후 [경사와 엠보스]를 클릭합니다.

126 캐릭터 디자인으로 시작하는 똑똑한 컴퓨터 놀이

❺ [레이어 스타일] 대화상자가 나타나면 그림의 조건과 동일하게 작성한 후 [그림자]를 클릭합니다. [그림자] 대화상자에서도 그림의 조건과 동일하게 작성합니다. [확인]을 클릭합니다.

❻ [BIRTHDAY] 레이어도 같은 효과를 주기위해 [HAPPY]의 [효과]를 클릭한 후 Alt 를 누르고 드래그해 [BIRTHDAY] 레이어로 복사합니다.

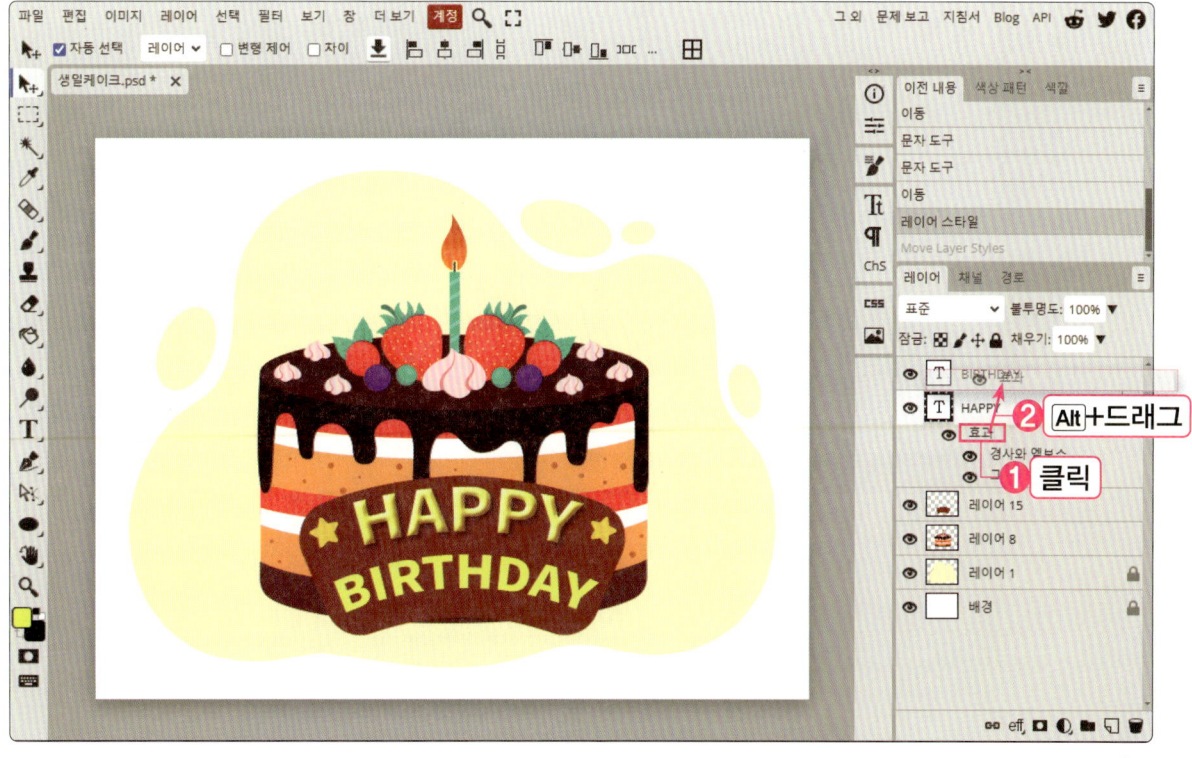

## ② 악세사리 불러와 장식하기

❶ [마카롱외] 파일과 [장식] 파일을 불러옵니다. 각 파일을 Ctrl+A를 눌러 모두 선택을 한 후 Ctrl+C를 눌러 복사합니다.

❷ [생일케이크.psd] 파일에 [마카롱] 및 [장식] 파일이 모두 붙여넣기 됩니다. 완성한 파일을 저장합니다.

## 도전! 혼자서 해결해 볼께요!

**1** 준석이의 반장 후보 명함입니다. 멋지게 꾸며보세요.

▲ 반장선거명함.psd

▲ 반장선거명함_완성.psd

**힌트** : (꼭! 1등 반을 만들겠습니다!) : [뒤틀기]-[깃발], [뒤틀기]-[물고기]
**(1번)** : [레이어 팔레트]-[레이어 스타일]-[경사와 엠보스]

Chapter 21 · 친구의 생일 케이크 장식하기

# Chapter 22
## 난 우주비행사가 될거야!

📂 불러올 파일 : 우주비행사.psd    📂 완성된 파일 : 우주비행사_완성.psd

◆ 마스크 추가하는 방법을 알아보아요.
◆ 불투명도 조절 방법을 알아보아요.

Before

After

#  선택을 만들어 마스크 추가하기

① 인터넷 온라인 크롬에서 포토피아(photopea.com)로 이동 후 [우주비행사] 파일을 불러옵니다.

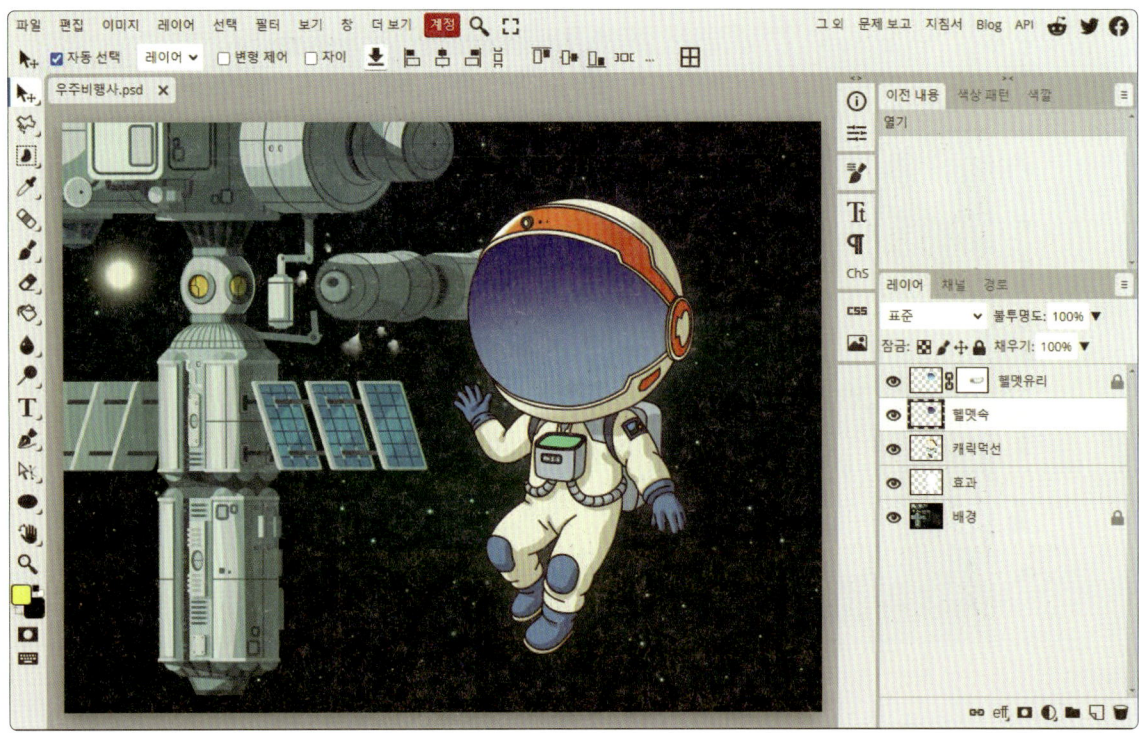

② [우성이얼굴]을 불러와 Ctrl+A를 눌러 모두 선택을 한 후 Ctrl+C를 눌러 복사합니다. [우주비행사.psd] 파일을 선택한 후 [헬멧속] 레이어를 선택해 Ctrl+V를 눌러 붙여넣기를 합니다.

Chapter 22 • 난 우주비행사가 될거야! **131**

❸ Alt+Ctrl+T(자유 변형)를 누른 후 [우성이얼굴]을 헬멧에 맞추고 Enter를 누릅니다. 그런 다음 Ctrl을 누른 상태에서 [헬멧유리] 레이어를 눌러 선택을 만듭니다.

❹ [래스터 마스크 추가(◻)]를 눌러 마스크를 만들고 [사슬(⛓)]을 클릭해 풀어줍니다.

[래스터 마스크 추가(◻)]가 적용된 상태에서 [사슬(⛓)]을 풀어주면 선택(마스크)은 움직이지 않고 얼굴을 자유롭게 이동시킬 수 있습니다.

## ② [경로]를 선택으로 바꾸고 색칠하고 불투명도 조절하기

❶ [헬멧유리] 레이어를 선택한 후 [새 레이어(□)]를 클릭해 [레이어 2]를 만듭니다.

❷ [경로] 팔레트를 클릭한 후 Ctrl 을 누른 상태에서 [반사광]을 클릭해 선택을 만듭니다.

❸ 다시 레이어 팔레트를 클릭한 후 Alt + Delete 를 눌러 전경색을 칠해줍니다.

Chapter 22 · 난 우주비행사가 될거야!

④ Ctrl+D를 눌러 선택을 해제한 후 [레이어 2]를 복사해 [레이어 2 copy]를 만든 다음 [필터]-[흐리게]-[가우스 흐림 효과]를 클릭해 [반지름]에 "20"을 입력하고 [확인]을 클릭합니다.

⑤ 새 레이어를 만든 후 [경로] 팔레트를 클릭해 Ctrl을 누른 상태에서 [역반사광]을 클릭해 선택을 만듭니다. 다시 [레이어] 팔레트를 선택한 후 Alt+Delete를 눌러 전경색을 칠해줍니다.

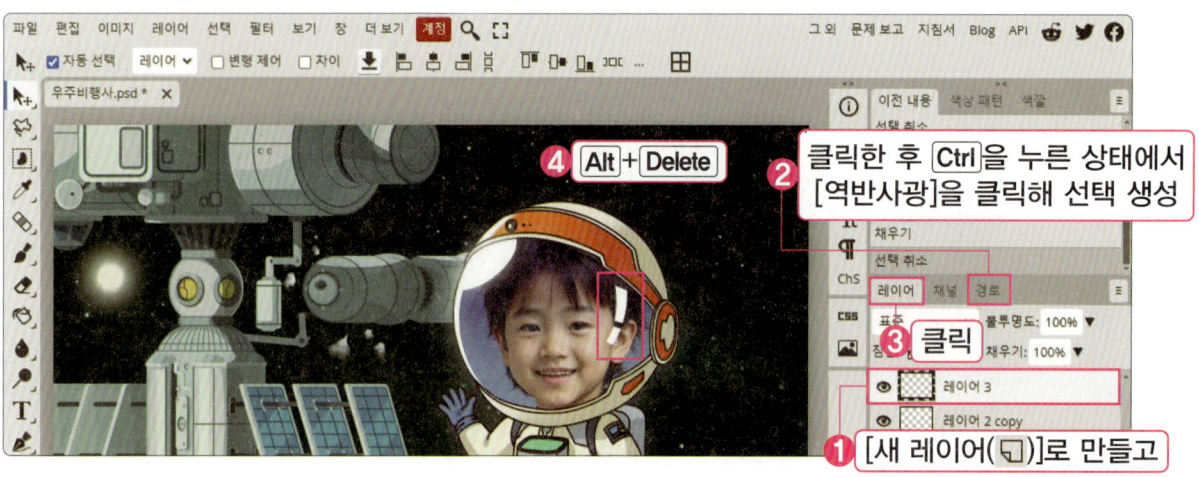

⑥ [불투명도]에 "60%"를 입력해 완성합니다. 완성된 파일을 저장합니다.

 곰돌이와 호돌이의 자동차인데요, 반짝임 효과와 뿌연 효과를 주면 어떨까요?

▲ 주황색자동차.psd

▲ 주황색자동차_완성.psd

# Chapter 23

## 아빠 가면 만들기

📁 불러올 파일 : 아빠가면.psd   📁 완성된 파일 : 아빠가면_완성.psd

- ◆ 두 가지의 선택을 더하는 방법을 알아보아요
- ◆ 선택을 확장하는 방법을 알아보아요

Before

After

##  선택을 만들고 선택을 확장하기

❶ [아빠가면] 파일을 불러옵니다. 쓰시던 안경을 어디다 벗어 두셨는지 모르겠네요?

❷ [아빠안경] 파일을 불러와 Ctrl+A를 누르고 Ctrl+C를 눌러 복사합니다.

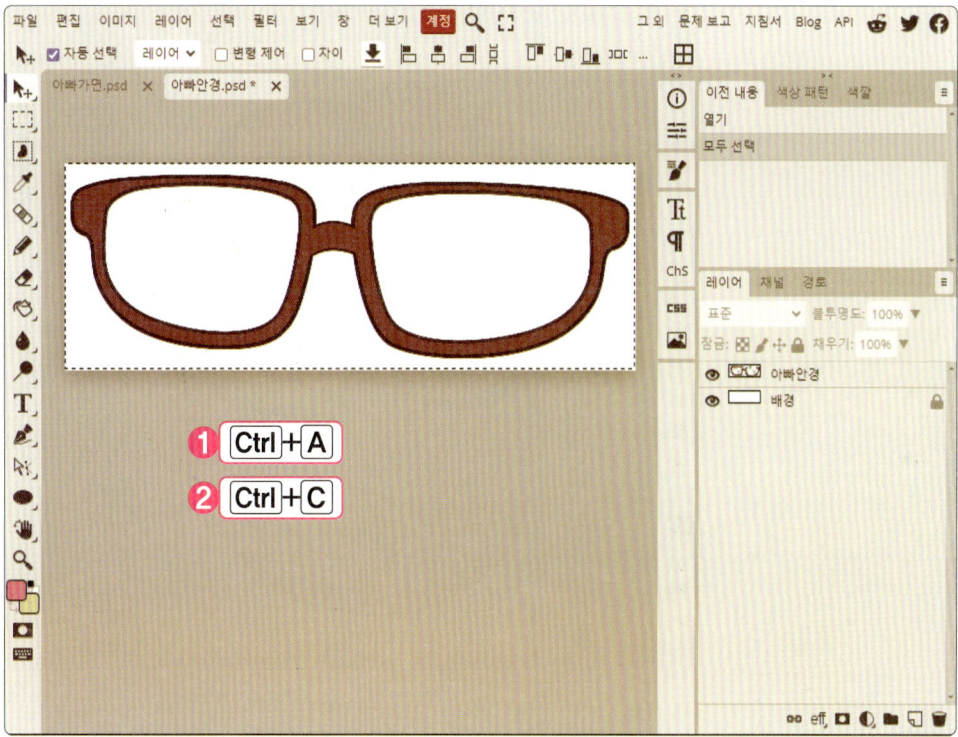

❸ [아빠가면.psd] 파일을 선택한 후 Ctrl+V를 눌러 붙여넣기를 합니다. Alt+Ctrl+T(자유 변형)를 누른 후 크기를 조절한 다음 Enter를 누릅니다.

❹ [배경] 레이어를 선택한 후 [새 레이어(□)]를 클릭해 [레이어 2]를 만든 다음 Ctrl을 누른 상태에서 [아빠얼굴] 레이어를 클릭하고, Ctrl+Shift를 누른 상태에서 [레이어1] 레이어를 클릭해 안경을 포함한 아빠 얼굴 전체 선택을 만듭니다.

138 캐릭터 디자인으로 시작하는 똑똑한 컴퓨터 놀이

❺ [선택]-[수정]-[확장]을 클릭한 후 [확장] 대화상자가 나타나면 [확장]에 "10"을 입력하고 [확인]을 클릭합니다.

❻ Alt + Delete 를 눌러 전경색인 검정색을 칠해줍니다. 얼굴 전체 테두리가 진해졌습니다.

Chapter 23 • 아빠 가면 만들기　139

## ② 오려내는 자리 만들기

❶ [눈오려내는표시] 파일을 열어 Ctrl+A를 눌러 전체 선택하고 Ctrl+C를 눌러 복사합니다. [아빠가면.psd]파일을 선택한 다음 Ctrl+V를 눌러 붙여넣기를 합니다. 그림과 같이 정렬합니다.

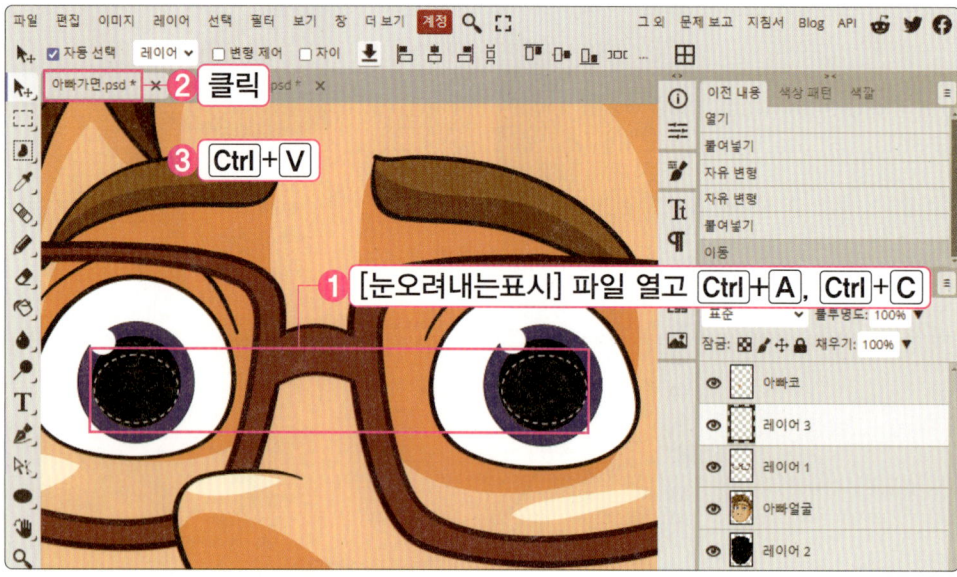

❷ 고무줄 묶는 자리를 만들어 이미지를 완성한 후 저장합니다.

 [타원형 선택]과 [획]을 이용해 눈을 그리고 색칠해 보세요.

▲ 공룡가면.psd

▲ 공룡가면_완성.psd

## 미션문제 풀어보세요!

1. 다음 포토피아 도구 모음 중에서 [마법 지팡이 도구]는 무엇일까요?

    ① T    ② ✦    ③ 🪣    ④ 🖌

2. 다음 중 현재 파일의 전체를 선택하는 단축키는 무엇일까요?

    ① Ctrl+V    ② Ctrl+A    ③ Ctrl+Z    ④ Ctrl+C

3. [마법 지팡이 도구]에 대한 설명으로 틀린 것은?

    ① 넓은 면적을 쉽게 선택할 때 사용하면 편리하다.
    ② 선택을 추가하고 싶을 때는 Shift 를 누르면 된다.
    ③ 단색톤의 배경을 선택할 때 유리하다.
    ④ 선택을 제외하고 싶을 때는 Ctrl 을 누르면 된다.

4. 다음 중 [자유 변형] 단축키는 무엇일까요?

    ① Ctrl+Alt+N    ② Alt+Ctrl+F    ③ Alt+Ctrl+T    ④ Shift+Ctrl+Z

> 정답은 144페이지에서 확인하세요.

5. 다음 중 이미지를 좌우 반전 시킬 때 사용하는 메뉴는 무엇일까요?

① 회전 90도

② 가로로 뒤집기

③ 세로로 뒤집기

④ 회전 180도

6. 다음 중 여러개의 레이어를 선택해서 정렬할 때 같은 간격으로 정리하는 메뉴는 무엇일까요?

① 왼쪽 모서리 정렬

② 수평 중심 정렬

③ 오른쪽 모서리 정렬

④ 균등 간격

7. [레벨] 메뉴에 대한 설명으로 틀린 것은?

① 선택된 부분이 있다면 조절할 수 없다.

② 이미지의 밝고 어두움을 조절해 주는 장치다.

③ 약간의 채도 조절 기능도 할 수 있다.

④ 흰색과 검정색도 조절이 가능하다.

8. 다음 중 이미지를 상하 반전 시킬 때 사용하는 메뉴는 무엇일까요?

① 가로로 뒤집기

② 회전 180도

③ 회전 90도

④ 세로로 뒤집기

## ♥ 메 모 ♥

**미션문제 풀어보세요! 정답**

▶06장 : 1-③, 2-①, 3-②, 4-④
▶12장 : 1-④, 2-④, 3-③, 4-①
▶18장 : 1-②, 2-④, 3-②, 4-③
▶24장 : 1-②, 2-②, 3-④, 4-③
　　　　 5-②, 6-④, 7-①, 8-④